京成電鉄
新京成電鉄、
北総鉄道の写真記録

【上巻】
人車軌道の誕生から青電まで

写真・文 **長谷川 明**

モハ500形モハ516。行商電車の代用に使用中の500形。専用編成の検査時などには、一般用の500形がしばしば代用された。駅の中間のこの辺りには、まだ畑や林が多かった。◎実籾〜八千代台　1974（昭和49）年6月

.....Contents

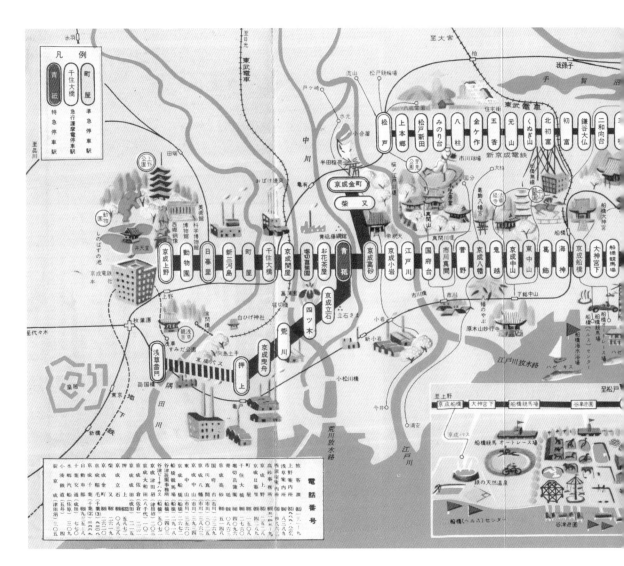

※特記以外の写真は筆者（長谷川 明）撮影

船橋、津田沼付近の拡大図では、谷津遊園地や船橋競馬場、オートレース場とともに、船橋ヘルスセンター、緑の天然温泉が存在している。一方で、都内の押上、亀戸付近には高い煙突のある工場の存在を示すイラストが並んでいる。この沿線に現在ある東京スカイツリー、東京ディズニーランドが出現するとは、この当時は誰も想像できなかっただろう。
【昭和30年代前半】（所蔵・文：生田誠）

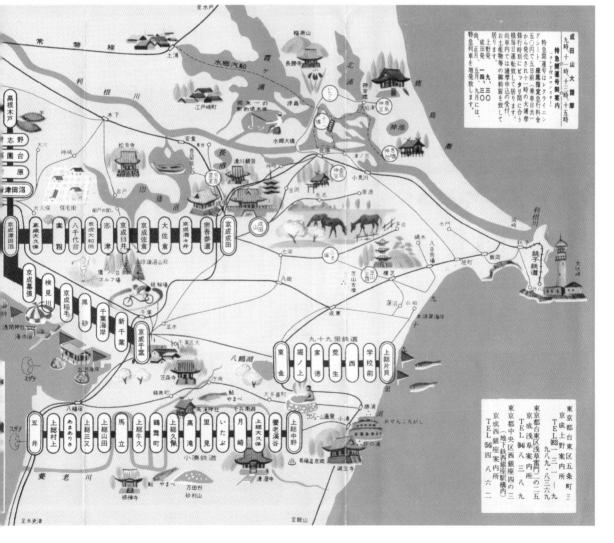

京成電車沿線略圖

凡例

この沿線略図は白鬚線の存在があり、少し年代は古いものである。ここに見られる柴又競技場は、かなり珍しい紹介である。赤い太線で示された沿線のあちこちには、桜の花を示すマークが描かれており、よく見ると梅や紅葉のマークもあるから、春秋の観光シーズンを考慮したものと推測される。【昭和初期】(所蔵・文：生田誠)

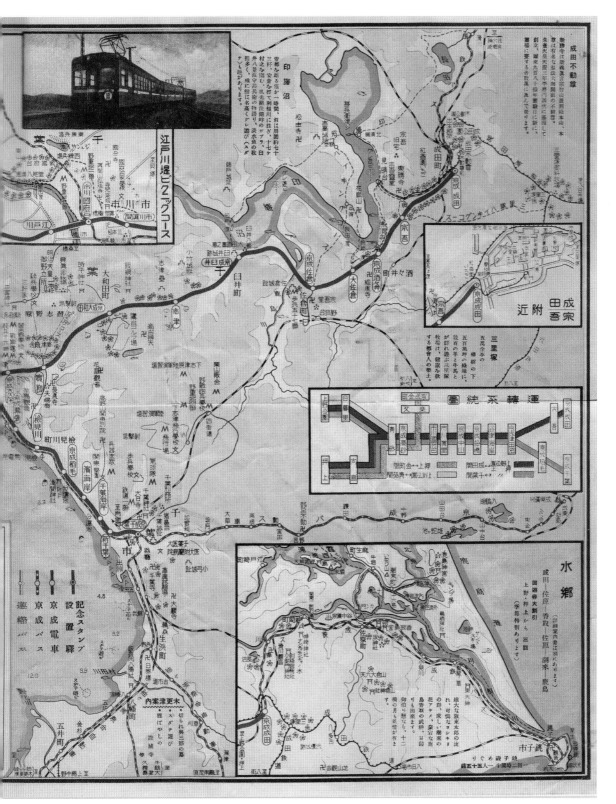

こちらは既に上野公園（現・京成上野）駅が開業しており、1933（昭和8）年12月以降に作られたものであることがわかる。一方で、向島と白鬚駅の間を結んでいた白鬚線は廃止されている。この沿線案内の特徴は、サイズが大きく、沿線の各駅から連絡するバス路線などが紹介されているところである。また、水郷や江戸川堤ピクニックコースなどの地図もあり、盛りだくさんの内容となっている。【昭和11～15年頃】（所蔵・文：生田誠）

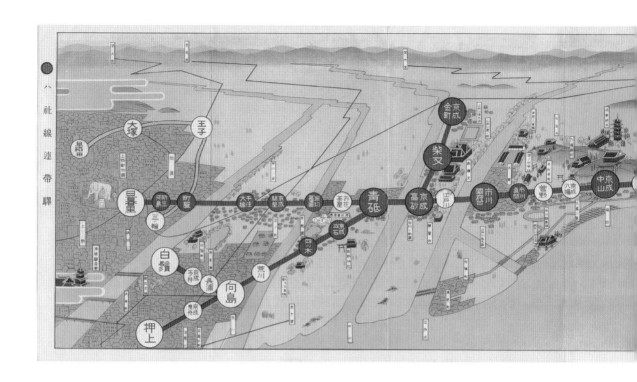

8

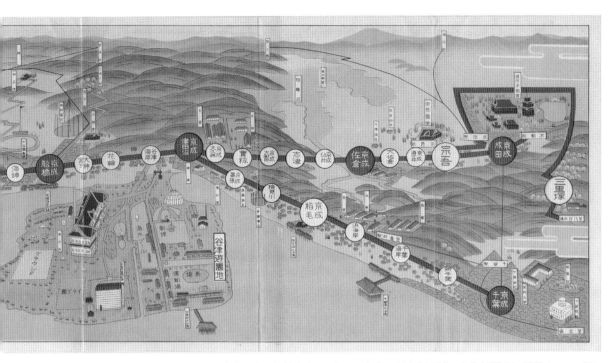

日暮里駅を東京側の起点としていた時代の京成電車の沿線案内図である。京成の上野公園（現・京成上野）駅の開業は、1933（昭和8）年12月10日であるから、それ以前の昭和戦前期の作成と考えられる。中央部分に大きく描かれているのは谷津遊園地。京成が開発して経営を行っていた、沿線を代表する娯楽施設であり、東京ディズニーランドがオープンするまでの間、戦後も長く沿線に住む大人も子どもも通った遊園地だった。【昭和戦前期】（所蔵・文：生田誠）

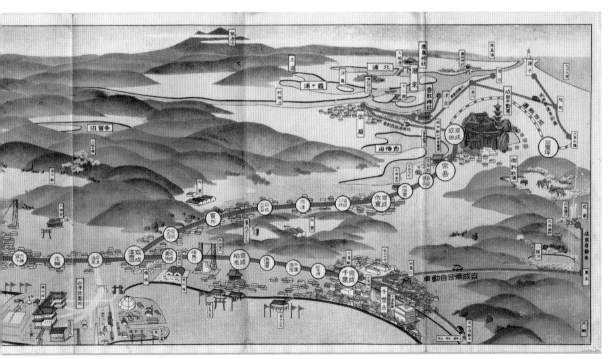

上とほぼ同じ時期の沿線案内であるが、こちらの方が谷津遊園地の扱い方が小さくなっている。その反面、終点の京成成田駅から先の霞ヶ浦、銚子方面の観光地が詳しく描かれており、成田鉄道の路線も見える。さらに中央部分の背景には、遠く茨城県にそびえる筑波山の姿もある。利根川や印旛沼、江戸川や中川などの河川を含めて、広い関東平野を走り抜ける鉄道の沿線風景を描いている。【昭和戦前期】（所蔵・文：生田誠）

谷津遊園
船橋
稲毛
千葉海岸

京成電車

京成電車宣伝絵葉書「谷津遊園、船橋、稲毛、千葉海岸」（所蔵:生田誠、4枚とも）

初詣

正恵方は……
成田山・柴又帝釋天

上野公園
押上
直通頻發
大晦日
終夜運轉

京成電車

電話ミスダ（四七）三〇〇五番

京成電車宣伝絵葉書「成田山・柴又帝釈天初詣」

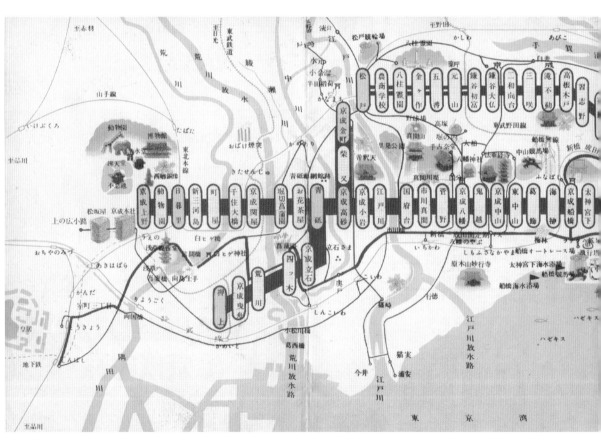

京成電車宣伝絵葉書
「全日本馬術競技大会
（谷津遊園）」

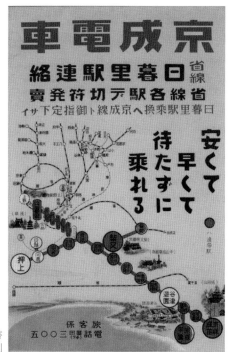

京成電車宣伝絵葉書
「省線日暮里駅連絡」

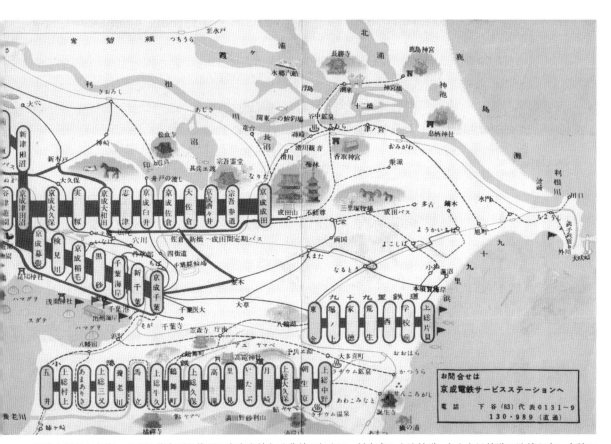

京成上野駅から真っすぐ千葉方面に伸びる京成本線と千葉線に加えて、新京成や小湊鉄道、九十九里鉄道の路線が太い赤線で
描かれている。東京湾の沿岸には、船橋や大神宮下海水浴場、さらに出洲（州）海岸や黒砂などに海水浴が楽しめる場所を示す
赤い旗が立てられている。また、荒川放水路、江戸川放水路という記述には時代が感じられる。もちろん、成田国際空港の存在
はない時代のものである。【昭和30年代前半】（所蔵・文：生田誠）

京成電鉄の年表

年　代	出来事
【本線、東成田線、押上線、金町線】	
1899（明治32）年5月17日	柴又～金町間の軌道特許を帝釈人車鉄道の発起人が取得する。
1899（明治32）年9月15日	帝釈人車鉄道が創立総会を開催する。
1899（明治32）年12月17日	帝釈人車鉄道の柴又～金町間（現在の金町線柴又～京成金町間に相当）が開業する。
1903（明治36）年11月28日	飯村丈三郎が東京と成田を結ぶ京成電気軌道の特許を政府に出願する。
1907（明治40）年5月28日	押上～成田間の特許が京成電気軌道の発起人に交付される。
1907（明治40）年7月21日	帝釈人車鉄道が帝釈人車軌道に改称する。
1909（明治42）年6月30日	京成電気軌道が設立される。
1910（明治43）年8月	京成電気軌道の曲金（現・京成高砂）～柴又間に軌道特許が交付される。
1911（明治44）年12月9日	押上～市川新田（現・市川真間）間と曲金～柴又間が京成電気軌道の第1期線として着工される。
1912（明治45）年4月27日	京成電気軌道が帝釈人車軌道と営業承継契約を締結する。
1912（大正1）年9月24日	帝釈人車軌道が京成電気軌道に路線を譲渡し、柴又～金町間が京成最初の営業路線となる。
1912（大正1）年11月3日	押上～伊予田（現・江戸川）間と曲金～柴又間が開業する。
1913（大正2）年7月11日	高砂（現・京成高砂）～柴又間との直通化を図るため、柴又～金町間の人車軌道を撤去する。
1913（大正2）年10月21日	柴又～金町（現・京成金町）間が延伸開業して現在の金町線が全通する。
1914（大正3）年4月1日	第2線となる市川新田～船橋（現・京成船橋）間のルートを変更。また併用軌道から専用軌道に変更することが認可される。
1914（大正3）年8月30日	江戸川橋梁の完成に伴って、伊予田～市川新田間が延伸開業する。
1915（大正4）年11月3日	市川新田～中山（現・京成中山）間が延伸開業する。
1916（大正5）年12月30日	中山～船橋間が延伸開業する。
1918（大正7）年8月11日	白鬚線向島～白鬚間の特許を出願する。
1918（大正7）年12月28日	船橋～千葉（現・千葉中央）間の特許を取得する。
1921（大正10）年7月17日	支線の船橋～千葉間が開業する。
1923（大正12）年4月	東京都心部への乗り入れを図るため、荒川（現・八広）～下谷車坂（省線上野駅付近）間の特許を出願する。
1923（大正12）年7月11日	荒川の開削工事に伴って建設された押上線の新橋梁が完成したことにより、荒川～立石（現・京成立石）間のルートを変更する。
1923（大正12）年9月1日	関東大震災が発生。9月8日までに京成は全線で運転を再開する。
1924（大正13）年11月14日	船橋～成田間のルート変更が認可される。
1926（大正15）年1月5日	谷津遊園へのアクセス路線として、谷津支線花輪（現・船橋競馬場）～谷津遊園地間に特許が交付される。
1926（大正15）年12月9日	津田沼～酒々井（現・京成酒々井）間が延伸開業する。
1926（大正15）年12月24日	酒々井～成田花咲町（仮駅、後に廃止）間が延伸開業したことにより、都内と成田が結ばれる。押上～成田花咲町間の所要時間は1時間23分。
1927（昭和2）年1月31日	江戸川橋梁が複線化されたことにより、金町線柴又～金町間を除く全線の複線化が完成する。
1927（昭和2）年2月1日	成田山の節分会に合わせて、本線で初の終夜運転を実施する。
1927（昭和2）年8月21日	谷津支線花輪～谷津遊園地間が開業する。
1928（昭和3）年3月12日	筑波高速度電気鉄道発起人として田端～筑波間の地方鉄道免許が交付される。
1928（昭和3）年4月7日	白鬚線向島～白鬚間が開業する。
1928（昭和3）年6月25日	筑波高速度電気鉄道のルート変更が認可され、免許区間が日暮里～筑波間に変更される。
1928（昭和3）年7月2日	筑波高速度電気鉄道が設立する。
1928（昭和3）年7月13日	浅草への延伸計画で、5度目の特許出願が東京市会で可決される。
1929（昭和4）年1月19日	電車線電圧が全線で1200Vに統一される。
1929（昭和4）年2月8日	上野公園（現・京成上野）～日暮里間の地方鉄道免許が筑波高速度電気鉄道に交付される。
1929（昭和4）年6月3日	梅島～松戸間支線の地方鉄道免許を筑波高速度電気鉄道が取得する。
1930（昭和5）年4月25日	成田花咲町～成田（現・京成成田）間が延伸開業。成田花咲町駅が廃止される。
1930（昭和5）年7月24日	京成電気軌道と筑波高速度電気鉄道の合併が認可される。
1930（昭和5）年7月末	日暮里の東の高架や荒川橋梁の建設に着手する。
1930（昭和5）年8月27日	筑波高速度電気鉄道支線だったルートの変更が認可され、現在の千住大橋駅付近から分岐して青砥を経由するルートに変更される。

年　代	出来事
1931（昭和6）年10月27日	谷津支線花輪〜谷津遊園地間が休止する。
1931（昭和6）年11月18日	省線との連絡運輸が開始。これに伴い、省線と同名の各駅を「京成〇〇」と改称される。
1931（昭和6）年12月11日	日暮里〜青砥間に軌道特許が交付。筑波高速度電気鉄道が得ていた日暮里〜筑波間の地方鉄道免許が失効する。
1931（昭和6）年12月19日	日暮里〜青砥間が延伸開業。全線で急行が廃止され、普通列車のみとなる。
1932（昭和7）年7月1日	押上〜京成船橋間の運賃を値下げされる。
1932（昭和7）年9月3日	上野公園〜日暮里間が着工する。
1933（昭和8）年12月10日	上野公園〜日暮里間が延伸開業する。
1934（昭和9）年6月22日	休止中の谷津支線が廃止される。
1935（昭和10）年4月1日	運賃制度を区間制から対キロ制に変更される。
1936（昭和11）年2月28日	白鬚線向島〜白鬚間が廃止される。
1936（昭和11）年9月10日	本線で急行が運転再開。上野公園〜京成成田間が1時間13分、押上〜京成成田間が1時間5分で結ばれる。
1939（昭和14）年5月	急行が特急に改称。翌年12月16日には改めて本線に急行が新設される。
1941（昭和16）年2月	2扉セミクロスシート車の1500形が登場する。
1943（昭和18）年3月	特急が廃止される。
1943（昭和18）年10月	急行が準急に改称となる。
1944（昭和19）年11月	準急が廃止される。
1944（昭和19）年12月	本社が押上から上野に移転される。
1945（昭和20）年2月20日	軌道から地方鉄道に全線が変更される。
1945（昭和20）年3月10日	前日夜半からの東京大空襲により、押上駅と押上の旧本社建物が焼失する。
1945（昭和20）年6月25日	社名を京成電鉄に変更する。
1945（昭和20）年10月1日	上野公園〜日暮里間が運転再開される。
1946（昭和21）年3月	京成電鉄が旧鉄道連隊演習線津田沼〜松戸間の用地使用許可を取得。同年10月23日に新京成電鉄を設立。1955年4月21日までに京成津田沼〜松戸間を全通し、千葉線との直通運転を行う。
1946（昭和21）年10月	モハ220形を5両新造する。
1947（昭和22）年2月4日	高砂車庫で発生した火災により、12両が全半焼する。
1947（昭和22）年9月14日	カスリーン台風によって路線冠水などの被害を受ける。
1948（昭和23）年5月15日	上野公園（現・京成上野）〜京成成田・京成千葉間で不定期準急が運転開始。上野と成田を1時間44分で結ぶ。
1948（昭和23）年10月19日	モハ600形10両を新造する。
1949（昭和24）年7月1日	上野公園・押上〜京成成田・京成千葉間で不定期急行が運転開始。上野と成田を1時間37分で結ぶ。
1950（昭和25）年8月1日	都心への新たな乗り入れ線として押上〜有楽町間の免許を出願する。
1951（昭和26）年5月	京成津田沼以西の架線電圧が1500Vに昇圧する。
1951（昭和26）年12月17日	準急が廃止されて通勤急行が運転を開始する。
1952（昭和27）年5月1日	上野公園〜京成成田間を1時間28分で結ぶ特急「開運号」が運転を開始する。
1952（昭和27）年7月10日	全線の1500V昇圧が完成する。
1953（昭和28）年5月1日	上野公園駅が京成上野駅に改称する。
1953（昭和28）年5月28日	特急「開運号」に1600形を投入する。
1953（昭和28）年9月11日	新京成電鉄が京成線との接続を図るため、新津田沼（初代）〜京成津田沼間の免許を取得する。
1953（昭和28）年10月12日	新京成線の改軌に着手。20日間で全線が1067mmから1372mmに改軌する。
1954（昭和29）年8月6日	日本初の「テレビ電車」を運転する。
1954（昭和29）年9月16日	社内に「高速度運転対策委員会」が設置。京成上野〜京成成田間の特急1時間運転を目指して設備改良に着手する。
1955（昭和30）年4月21日	新京成電鉄の初富〜松戸間が延伸開業して全通する。
1955（昭和30）年9月1日	準急が増発されて約20分間隔での運転を開始する。
1956（昭和31）年4月8日	京成上野〜京成成田間の特急の所要時間が1時間11分に短縮。同年11月20日にはさらに1時間6分に短縮する。
1956（昭和31）年8月14日	都市交通審議会（運輸大臣の諮問機関）が第1号答申を策定し、地下鉄と私鉄との直通化を盛り込む。
1957（昭和32）年6月24日	京成電鉄と東京都交通局、京浜急行電鉄による3者乗り入れ協定が成立し、3者協議会が発足する。
1957（昭和32）年8月	京成電鉄、東京都交通局、京浜急行電鉄の3者が「列車の直通運転に関する覚書」を締結し、京成の軌間を1435mmに改軌することが決定する。
1957（昭和32）年12月1日	京成上野〜京成成田間の特急が1時間1分に短縮。翌年7月1日にはさらに1分短縮して1時間となる。

年　代	出来事
1958（昭和33）年11月15日	川崎千春が取締役社長に就任する。
1959（昭和34）年1月	都営地下鉄1号線（現・浅草線）との接続のため、押上駅の地下化に着手する。
1959（昭和34）年春	改軌準備工事に着手する。
1959（昭和34）年8月8日	新京成電鉄が1435mmへの改軌工事に着手。8月18日までに完了する。
1959（昭和34）年10月1日	改軌本工事に備えて特急と急行を運休する。
1959（昭和34）年10月9日	改軌本工事に着手する。
1959（昭和34）年10月10日	改軌工事に伴い準急を運休する。
1959（昭和34）年11月30日	全線の改軌が完了。翌12月1日から通常ダイヤに復帰する。
1960（昭和35）年11月28日	押上の地下駅化が完成する。
1960（昭和35）年12月4日	都営地下鉄1号線押上～浅草橋間が開業し、東中山～押上～浅草橋間で京成線との相互直通運転が開始する。
1961（昭和36）年10月27日	谷津遊園～船橋ヘルスセンター間の免許を取得する。
1964（昭和39）年10月1日	都営地下鉄1号線大門への延伸開業に合わせ、京成電鉄の通勤準急の乗り入れを開始する。
1966（昭和41）年5月	千葉県が県北部の丘陵地帯に人口約34万人の新興住宅地を整備する「千葉ニュータウン」構想を発表。これに伴って都心部と千葉ニュータウンを結ぶ鉄道が検討され始める。
1966（昭和41）年7月4日	新東京国際空港の建設予定地が成田市三里塚に閣議決定される。
1968（昭和43）年4月1日	ATS（自動列車停止装置）の使用を開始する。
1968（昭和43）年6月21日	都営地下鉄1号線の大門～泉岳寺間と京急線品川～泉岳寺間が開通し、京成、東京都、京急の3者相互乗り入れが開始する。
1968（昭和43）年10月26日	谷津遊園～船橋ヘルスセンター間の免許が失効する。
1969（昭和44）年5月30日	政府が新全国総合開発計画を策定。この中で成田新幹線の建設が盛り込まれる。
1969（昭和44）年11月7日	京成成田と新空港とを結ぶ免許を取得する。
1970（昭和45）年9月28日	「空港新線」として京成成田から同駅を起点とした5.2km地点までの施工が認可される。
1970（昭和45）年9月	決算で鉄道部門の営業赤字を計上する。
1970（昭和45）年11月18日	空港新線の起工式が挙行される。
1971（昭和46）年1月18日	都心と成田の空港を結ぶ成田新幹線の基本計画が決定される。
1971（昭和46）年3月25日	空港新線の、京成成田を起点とした5.2km地点から成田空港（現・東成田）までの施工が認可される。
1971（昭和46）年4月1日	成田新幹線東京都～成田市間の整備計画が決定される。
1971（昭和46）年	京成電鉄が千葉ニュータウンのアクセス鉄道として北総開発鉄道の建設を提案する。
1972（昭和47）年2月12日	空港特急用として製造された新型車両AE形の試運転が開始される。
1972（昭和47）年3月1日	運輸省による都市交通審議会が第15号答申を策定。千葉ニュータウンへの鉄道として、京成高砂～小室間の北総開発鉄道と、本八幡～印旛松虫（現・印旛日本医大）間の千葉県営鉄道を整備することが決定される。
1972（昭和47）年5月10日	北総開発鉄道（現・北総鉄道）が会社設立される。
1972（昭和47）年11月	空港新線の京成成田～成田空港間が完成する。
1973（昭和48）年6月16日	京成上野～日暮里間を休止し、京成上野駅の改良工事に着手する。
1973（昭和48）年10月4日	北総開発鉄道（現・北総鉄道）が京成高砂～小室間、千葉県が本八幡～印旛松虫（現・印旛日本医大）間の免許をそれぞれ取得する。
1973（昭和48）年12月16日	京成上野駅の改良工事が完了し、京成上野～日暮里間が運転再開される。
1973（昭和48）年12月30日	AE形（初代）を使用した京成上野～京成成田間で有料特急「スカイライナー」が運転を開始する。
1974（昭和49）年2月1日	成田新幹線が着工される。
1974（昭和49）年2月	北総開発鉄道が北初富～小室間を着工する。
1974（昭和49）年8月28日	千葉県が小室～千葉ニュータウン中央間を着工する。
1975（昭和50）年2月	京成電鉄が経営悪化を受けて緊急対策委員会を設置する。
1977（昭和52）年11月28日	田村元運輸大臣が成田新幹線に代わる空港アクセス鉄道として「成田新高速鉄道」の整備を提案する。
1978（昭和53）年4月7日	千葉県が小室～印旛松虫間の免許を宅地開発公団（後の住宅・都市整備公団）に譲渡する。
1978（昭和53）年5月5日	成田空港建設反対を唱える過激派の放火により、AE形6両が全半焼する。
1978（昭和53）年5月20日	新東京国際空港（現・成田国際空港）が開港する。
1978（昭和53）年5月21日	京成成田～成田空港（現・東成田）間が延伸開業。京成上野～成田空港間でノンストップの有料特急「スカイライナー」が運転を開始する。
1979（昭和54）年3月9日	北総開発鉄道北総線の北初富（現・廃止）～小室間が開業し、松戸～小室間で新京成電鉄と相互直通運転を開始する。

年　代	出来事
1979（昭和54）年9月1日	「スカイライナー」の一部列車が京成成田駅に停車する。
1980（昭和55）年3月4日	経営の悪化から日本民営鉄道協会を脱退する。
1980（昭和55）年10月1日	経営再建委員会を設置して経営再建計画を策定する。
1981（昭和56）年5月	政府が「新東京国際空港アクセス関連高速鉄道調査委員会」を設置。翌年5月には成田新高速鉄道のルートとしてA〜C案を決定する。
1982（昭和57）年12月21日	谷津遊園が閉園する。
1983（昭和58）年5月	成田市土屋〜成田空港間に成田新幹線の路盤が完成。東京〜成田市土屋間の工事を凍結する。
1983（昭和58）年10月1日	上りの「スカイライナー」が日暮里駅に停車するようになる。
1984（昭和59）年3月19日	千葉ニュータウン線として住宅・都市整備公団の小室〜千葉ニュータウン中央間が開業。新京成電鉄松戸〜千葉ニュータウン中央間で直通運転を開始する。
1984（昭和59）年11月1日	運輸省が成田新高速鉄道のルートとして、既存私鉄線を活用するB案の推進を決定する。
1984（昭和59）年12月1日	AE形（初代）を使用した通勤客向けの定員制有料特急「イブニングライナー」が運転を開始する。
1985（昭和60）年8月12日	本線の青砥〜京成高砂間が複々線化される。
1985（昭和60）年10月19日	通勤客向け定員制有料特急「モーニングライナー」が運転を開始する。
1986（昭和61）年10月27日	青砥駅付近の連続立体交差化が完成する。
1987（昭和62）年4月1日	成田新幹線の基本計画が失効。既存の路盤が国鉄清算事業団に引き継がれる。
1988（昭和63）年4月1日	北総開発鉄道が千葉ニュータウン線の第2種鉄道事業者に、住宅・都市整備公団が同線の第3種鉄道事業者になり、北総線と千葉ニュータウン線を統合して北総・公団線に改称する。
1988（昭和63）年6月	石原慎太郎運輸大臣が成田新高速鉄道の暫定整備を提案。成田新幹線の路盤を活用してJR成田線と京成線を空港ターミナルビルに乗り入れさせる方針を示す。
1988（昭和63）年10月28日	空港旅客ターミナル乗り入れ線の事業主体となる第三セクターの成田空港高速鉄道が設立される。
1988（昭和63）年12月22日	成田空港高速鉄道がJR成田線・京成本線分岐点〜成田空港（2代目）間の第3種鉄道事業、京成電鉄が京成本線分岐点〜成田空港間の第2種鉄道事業の免許をそれぞれ取得する。
1990（平成2）年4月1日	日本民営鉄道協会に復帰する。
1990（平成2）年6月19日	AE100形が運転を開始する。
1991（平成3）年3月19日	本線の駒井野分岐部〜成田空港（2代目）間が延伸開業。成田空港駅（初代）を東成田駅に改称し、京成成田〜東成田間を東成田線として本線から分離する。
1991（平成3）年3月31日	北総開発鉄道北総・公団線の京成高砂〜新鎌ケ谷間が延伸開業し、京成本線と相互直通運転開始する。
1992（平成4）年12月3日	空港第2ビル駅が開業する。
1993（平成5）年5月22日	AE形（初代）の全列車をAE100形に置き換える。
1995（平成7）年4月1日	北総開発鉄道北総・公団線の千葉ニュータウン中央〜印西牧の原間が延伸開業する。
1998（平成10）年11月18日	京浜急行空港線天空橋（旧・羽田）〜羽田空港（2代目）間の延伸に伴い、成田空港〜羽田空港間を直通する特急が運転を開始する。
2000（平成12）年7月22日	北総開発鉄道北総・公団線の印西牧の原〜印旛日本医大間が延伸開業して全通する。
2002（平成14）年4月25日	成田新高速鉄道の事業主体となる第三セクターの成田高速鉄道アクセスが発足する。
2002（平成14）年7月5日	京成電鉄が京成高砂〜千葉ニュータウン中央〜成田空港間の第2種鉄道事業、成田高速鉄道アクセスが印旛日本医大〜成田空港高速鉄道線接続点（成田市土屋）間の第3種鉄道事業の許可をそれぞれ取得する。
2002（平成14）年10月12日	羽田空港〜成田空港間の直通特急が廃止される。
2002（平成14）年10月27日	成田空港建設の地元への見返りとして国が計画した、東成田〜芝山千代田間の芝山鉄道が開業。東成田線との相互直通運転を開始する。
2004（平成16）年7月1日	北総開発鉄道が北総鉄道、北総・公団線が北総線にそれぞれ改称。小室〜印旛日本医大間の第3種鉄道事業を、京成が全額出資した千葉ニュータウン鉄道に譲渡する。
2006（平成18）年11月25日	京成船橋駅付近の連続立体交差事業に伴い、上下線ホームの高架化が完成する。
2009（平成21）年6月30日	創業100周年を迎える。
2010（平成22）年7月17日	成田空港線（成田スカイアクセス）京成上野〜成田空港間が開業。「スカイライナー」を成田スカイアクセス経由に変更し、新車両のAE形を投入する。（アクセス特急）運転開始。
2011（平成23）年3月11日	東北地方太平洋沖地震（東日本大震災）が発生。都営地下鉄浅草線・京急線・北総鉄道北総線・芝山鉄道線との相互直通運転およびスカイライナー・シティライナー・イブニングライナーの運転が休止。3月16日に運転再開。
2014（平成26）年6月7日	京成高砂〜八千代台間が1号ATSからC-ATSに更新され、全線がC-ATSになる。
2021（令和3）年4月17日	全線で空間波式デジタル列車無線の使用を開始する。

年　代	出来事

【千葉線、千原線】

年代	出来事
1894（明治27）年7月20日	総武鉄道（現・JR総武本線）の市川～千葉～佐倉間が開業する。
1894（明治27）年12月9日	総武鉄道の本所（現・錦糸町）～市川間が延伸開業する。
1904（明治37）年4月5日	総武鉄道両国橋（現・両国）～本所間が延伸開業する。
1907（明治40）年5月28日	京成電気軌道（現・京成電鉄）発起人が押上～成田間の軌道特許を取得する。
1907（明治40）年9月1日	総武鉄道が国有化される。
1909（明治42）年6月30日	京成電気軌道が会社設立する。
1912（大正1）年11月3日	成田方面に向かう本線の第1期線として押上～伊予田（現・江戸川）間が開業する。
1916（大正5）年12月30日	本線が延伸して押上から船橋（現・京成船橋）までつながる。
1918（大正7）年12月28日	船橋～千葉間支線の軌道特許を取得する。
1920（大正9）年10月	船橋～千葉間が着工する。
1921（大正10）年7月17日	支線の船橋～千葉（京成千葉を経て、移転後、現・千葉中央）間（現在の本線の一部と千葉線）が開業。大神宮下、谷津海岸（現・谷津）、津田沼（現・京成津田沼）、幕張（現・京成幕張）、検見川、稲毛（現・京成稲毛）、千葉の各駅が開業する。
1922（大正11）年3月18日	千葉海岸（現・西登戸）駅が開業する。
1923（大正12）年2月22日	浜海岸（現・みどり台）駅が開業する。
1923（大正12）年7月24日	新千葉駅が開業する。
1923（大正12）年9月1日	関東大震災が発生して運休になる。
1923（大正12）年9月5日	荒川（現・八広）～千葉間の運転を再開する。
1924（大正13）年11月14日	船橋～成田（現・京成成田）間のルート変更が認可され、千葉線の分岐点が船橋から津田沼に変更する。
1925（大正14）年3月7日	小湊鐵道の五井～里見間が開業。五井、海士有木、養老川（現・上総山田）、馬立、上総牛久、鶴舞町（現・上総鶴舞）、高滝、里見の各駅が開業する。
1926（大正15）年12月9日	本線の津田沼～酒々井（現・京成酒々井）間が延伸開業。これに伴い千葉線の起点が船橋から津田沼に変更する。
1931（昭和6）年11月18日	幕張、稲毛、千葉の各駅がそれぞれ京成幕張、京成稲毛、京成千葉（初代）に改称される。
1932（昭和7）年7月1日	総武本線の両国～御茶ノ水間が延伸開業し、都心部への利便性が高まる。
1935（昭和10）年7月1日	総武本線御茶ノ水～千葉間の電化が完成する。
1942（昭和17）年4月1日	浜海岸駅が帝大工学部前駅に改称する。
1945（昭和20）年2月20日	京成電気軌道全線が軌道から地方鉄道に変更する。
1945（昭和20）年6月25日	社名を京成電気軌道から京成電鉄に変更する。
1946（昭和21）年3月	京成電鉄が旧鉄道連隊演習線津田沼～松戸間の用地使用許可を取得する。
1946（昭和21）年10月9日	千葉市が戦災都市に指定され、復興都市計画に基づく区画整理事業が開始。京成千葉駅の移設が計画される。
1948（昭和23）年4月1日	帝大工学部前駅が工学部前駅に改称される。
1951（昭和26）年7月1日	工学部前駅が黒砂駅に改称される。
1953（昭和28）年9月11日	京成線との接続を図るため、新京成電鉄が新津田沼（初代）～京成津田沼間の免許を取得する。
1953（昭和28）年10月12日	新京成線の改軌工事に着手。20日間で全線を1372mmに改軌する。
1953（昭和28）年11月1日	新京成電鉄の新津田沼～京成津田沼間が延伸開業する。
1955（昭和30）年4月21日	新京成電鉄の京成津田沼～松戸間が全通し、千葉線との直通運転が開始される。
1955（昭和30）年11月	戦災復興計画に伴う千葉市の区画整理事業で、千葉市と京成電鉄が協定を結び、京成千葉駅（初代）の移転が決定する。
1957（昭和32）年12月27日	小湊鐵道が千葉市内に乗り入れるため、本千葉～海士有木間の免許を取得。
1958（昭和33）年2月1日	京成千葉駅が国鉄本千葉駅の西側に移転し、千葉線の新千葉～京成千葉間がルート変更する。
1958（昭和33）年6月14日	京成千葉駅ビルが完成する。
1959（昭和34）年10月10日	京成幕張～京成千葉間が軌間1372mmから1435mmに改軌される。
1959（昭和34）年10月14日	京成津田沼～京成幕張間が軌間1372mmから1435mmに改軌。これにより、千葉線全区間で改軌が完了する。
1967（昭和42）年4月1日	千葉海岸駅が西登戸駅に改称される。
1967（昭和42）年5月24日	新千葉～京成千葉間の高架化が完成する。
1967（昭和42）年12月1日	国鉄千葉駅前（現・京成千葉）駅が開業する。
1969（昭和44）年5月13日	小湊鐵道計画線の沿線となる千葉東南部土地区画整理事業（おゆみ野）の都市計画が決定する。

年　代	出来事
1970（昭和45）年4月	小湊鐵道新線の規格変更が認可。軌間1435mm、電気動力（直流1500V）に変更される。
1971（昭和46）年10月1日	黒砂駅がみどり台駅に改称される。
1973（昭和48）年2月21日	京成電鉄が中心となって出資した千葉急行電鉄が設立される。
1975（昭和50）年12月20日	小湊鐵道が京成千葉〜海士有木間の免許を千葉急行電鉄に譲渡する。
1977（昭和52）年3月30日	千葉急行電鉄の経路変更が認可する。
1977（昭和52）年9月	千葉急行電鉄の京成千葉〜ちはら台間が着工される。
1987（昭和62）年4月1日	国鉄千葉駅前駅が京成千葉駅（2代目）に、京成千葉駅（初代）が千葉中央駅にそれぞれ改称される。
1991（平成3）年8月7日	京成幕張本郷駅が開業する。
1992（平成4）年4月1日	千葉急行電鉄の千葉中央〜大森台間が開業し、千葉線との相互直通運転が開始される。
1995（平成7）年4月1日	千葉急行電鉄の大森台〜ちはら台間が延伸開業する。
1998（平成10）年6月3日	千葉急行電鉄の出資者が、会社の解散と京成電鉄への営業譲渡に合意する。
1998（平成10）年10月1日	千葉急行電鉄が路線を京成電鉄に譲渡。千原線となる。
2006（平成18）年12月10日	松戸〜千葉中央間で新京成電鉄から千葉線への直通運転が再開される。
2011（平成23）年3月11日	東北地方太平洋沖地震（東日本大震災）が発生した影響で、千葉線・千原線が運休となる。
2018（平成30）年3月24日	京成千葉線内では初となるLED式発車標が京成千葉駅に導入される。
2019（令和元）年10月20日	京成トラベルサービスが企画した「スカイライナーミステリーツアー」で、京成上野→高砂車両基地→八広→千葉中央→京成上野という経路でスカイライナーAE形を運転し、AE形が千葉線に初入線する。 京成電鉄が京成高砂〜千葉ニュータウン中央〜成田空港間の第2種鉄道事業、成田高速鉄道アクセスが印旛日本医大〜成田空港高速鉄道線接続点（成田市土屋）間の第3種鉄道事業の許可をそれぞれ取得。

年表は諸資料をもとに、編集部にて作成。

旧菅野駅のイラスト。旧菅野駅は2面2線の相対式ホームを持ち、周囲は松林に囲まれ北側には竹藪と、静かな駅だった。1971（昭和46）年に島式1面の橋上駅に改築され、2019年には地下を「外郭環状道路」が直交している。現在バリアフリー化工事で改築中だ。◎イラスト：長谷川 明

まえがき

　「柴又帝釈天詣で」からスタートし、「成田山」を目指した「京成電気軌道」だが、「京成電鉄」と名を変えた現在では、大手私鉄の一角として首都圏の都市輸送を担うとともに、世界に向けた「日本の玄関」としての大きな役割を果たしている。戦後に設立されたグループ事業者の「新京成電鉄」「北総鉄道」も大きく発展した。

　本書ではこれら3社を横断的にとらえて、その生い立ちから現在までを上中下巻の3部に分け、車両を中心にまとめてみた。

　筆者は太平洋戦争中に、東京空襲が始まるということで、現在の市川に転居して以来沿線に居住し、「京成」は最寄りの鉄道として親しんで来た。フィルムが入手可能となった戦後の1950年代から撮りためた写真で、各社の車両の変遷ぶりをお目にかけたい。

2021年11月　長谷川 明

京成津田沼駅で並ぶ京成「青電」2100形、500形と新京成1100形。京成津田沼駅の5・6番線が新京成のホームで、新津田沼駅への連絡線は急カーブで総武本線を越える。この橋梁は旧鉄道連隊の遺構で、連絡線は京成第二工場の宗吾移転後の1987（昭和62）年に新京成が譲り受けた。◎京成津田沼　1975（昭和50）年2月

第1章
京成電鉄の沿革

モハ1100形モハ1104＋1106。総武本線と並行する区間の千葉線の上り電車が、京成本線をオーバークロスする。あたりには民家が見当たらない。◎京成津田沼〜京成幕張　1953（昭和28）年3月26日

1-01 創業から第2期（船橋）開業まで

　東京から成田山を目指す鉄道建設は京成など3社が競願していたが、内務大臣の意向を受けて3社合同しての再申請で免許を受けた。これをもとに1909（明治42）年6月30日に京成電気軌道株式会社が設立された。計画路線は押上から市川、船橋、佐倉を経て成田に至るものであった。第1期工事として1911（明治44）年12月に押上〜市川間と、曲金（現・京成高砂）〜柴又間が着工され、1912（大正元）年11月3日に開通した。

　江戸川橋梁の架橋に時間を要したことから、開通したのは伊予田（現・江戸川）までで、市川には江戸川を渡船で連絡した。このときに本社を押上に移転した。また、この間の1911年に金町〜柴又間にあった「帝釈人車軌道」の経営権を取得し、1912（明治45）年に改軌のうえで金町線に組み込んだ結果、常磐線からの参詣客も取り込み好成績を上げることとなった。

　京成の営業は、この人車鉄道（人が大型のトロッコを押して走行するもの）からスタートしたのだった。江戸川架橋は困難を極めたが鉄道連隊の支援を受けて、1914（大正3）年に完成し、市川新田（現・市川真間）までが開通した。第2期工事は市川新田〜船橋間7.8kmで、中山までが1915年、船橋へは1916年12月に到達した。当時の市川地区は梅や桃畑が多く、春には花見客が多かったという。1911（明治44）年7月には市川・松戸地区ほかで電灯供給事業を開始している（1942年の配電統制令により、関東配電は今の東京電力に統合された）。

人車鉄道の彫刻。京成電鉄の営業線のルーツとなった「帝釈人車軌道」。押上から成田山を目指して免許を取得した「京成電気軌道」だが、工事の途中で曲金（現在の京成高砂）〜柴又間の支線の免許を得て、京成金町〜柴又間で営業中の「帝釈人車軌道」を買収・改軌（610㎜→1372㎜）して組み込み、上野方面からの乗客も輸送し好成績を収めた。その姿は柴又帝釈天（経栄山題経寺）本堂の軒下の彫刻に見ることができる。

1-02 計画変更で千葉線を先行建設 続いて成田線が全通

　当初計画では船橋まで開通後は成田に向けた工事を行うことだったが、地域情勢を考慮して県庁所在地の千葉に向けての路線建設が先行されることになった。当時、両国橋（現・両国）〜千葉間には総武本線が走っていたが、まだ蒸気鉄道で本数も少なかった。千葉線は1920（大正9）年に着工し、翌年7月に開通した。千葉線の開通で東京〜千葉間沿線の利便性が飛躍的に向上した。

　成田に向けての工事は、分岐点を津田沼に変更して1925（大正4）年に着工、翌年12月24日に成田花咲町の仮駅まで開通した。花咲町仮駅は現在の京成成田駅より約300メートル酒々井寄りにあった。成田線開通にあたって、モハ100形25両を新製投入した。同社初の半鋼製大型車両で、パンタグラフを2

基搭載した。

成田線の開通によって都内から日帰りの成田詣でが可能となり、1927（昭和2）年2月の節分には終夜運転も行われた。1930（昭和5）年4月には現在地に京成成田駅が開業し、名実ともに東京と成田を結ぶ「京成」が実現した。同時に省線（→国鉄線）との間に激しい競争が開始され、急行も設定された。鉄道省は上野発の初詣臨時列車に、食堂車を連結するなどサービス合戦が展開された。

競争は戦時中の中断を経て戦後に再開され、京成は特急「開運号」、急行「護摩電」を、国鉄は新登場のキハ17系による伝説の両国〜成田間60分運転の快速「成田号」、電化後は165系・113系の快速「成田号」などのほか、関東一円からの団体臨時列車が多彩なジョイフルトレインなどにより運転されたことも懐かしい。

同社の架線電圧は開業時600Vだったが、津田沼以東の成田線は1200Vとなり直通車は複電圧だった。1928（昭和3）年に全線1200V化され、さらに1951（昭和26）年5月には1500Vに昇圧した。

船橋（現・京成船橋）駅

大神宮下駅

谷津海岸（現・谷津）駅

津田沼（現・京成津田沼）駅

幕張（現・京成幕張）駅

検見川駅

稲毛（現・京成稲毛）駅

千葉（現・千葉中央）駅

スタンプ収集・提供：戸村計男

1-03 都心乗り入れに向けて

　成田線の開通後に当時の繁華街の浅草・上野方面への乗り入れを企画した。浅草に向けて白髭線の建設を行ったが、東武鉄道の浅草雷門への乗り入れにより断念、上野を目指して当時、上野〜日暮里〜筑波の免許を持っていた「筑波高速度電気鉄道」を合併し、青砥〜千住の免許を取得して上野線の建設が決定された。第1期線は青砥〜日暮里間9.4kmが高架線で着工され、1931（昭和6）年12月19日に開通した。このときに製造されたのが、モハ200形10両で、ドア配置が左右非対称の「京成スタイル」が誕生した。

　日暮里〜上野公園間の工事はその大半が地下線で、寛永寺、図書館、美術館、動物園などを避け、一部に皇室所有地があるなどにより急カーブの連続する難工事となり、僅か2.1kmの建設に1年3か月を要

して1933（昭和8）年12月10日に開通した。山手線の内側に乗り入れた最初の私鉄で、これにより計画された全線の開通となった。

　上野開業時に急行はいったん廃止されたものの1936（昭和11）年に復活し、翌年には「特急」に改称された。上野公園・押上両駅発着の3往復を青砥で併・解結し、上野公園〜成田間を65分で運転した。

　1935（昭和10）年7月に省線の総武本線御茶ノ水〜千葉間が全線電化され電車運転が開始された。これにより千葉線が一時大きな影響を受けたが、沿線の名所・旧跡への観光客誘致や割引切符の発行、沿線人口の増加などで再び好調に推移した。1938（昭和13）年は成田山開基千年祭にあたり、予想以上の好成績を収めた。

1-04 戦争激化と空襲被害

　日中戦争の泥沼化で戦時色が濃厚となり、1943（昭和18）年に「特急」の廃止、「急行」の「準急」への格下げが行われ、翌年にはこれも廃止された。物資不足から統制が厳しくなり、なかでもガソリン不足で木炭バスなどが出現した。徴兵による要員不足から女性駅務員や車掌・運転手も現れた。空襲に備えて1939（昭和14）年に本社を京成上野ビル地下に移転した。日暮里〜上野公園間の地下線には、日暮里駅付近に設置の連絡線から鉄道省の優等車両を引き込み、非常時の運輸省庁舎用に徴用されて運転を休止した。

　宗吾（現・宗吾参道）〜成田間のトンネルには自社車両を避難させ、同区間を単線運転した。終戦直前の1945（昭和20）年6月25日に軌道から地方鉄道の「京成電鉄株式会社」に変更した。1945年3月9日の東京大空襲で押上駅と本社社屋が焼失した。戦災による車両の被害は、押上駅でモハ38・39・109が、千葉駅でモハ210、クハ131・134・135・507・512の9両が被災、モハ109・210、クハ507・512は、帝国車両で特異な国鉄モハ63形タイプに復旧、他車は廃車された。

1-05 戦後復興と「新京成電鉄」の建設

　1945（昭和20）年8月に太平洋戦争は敗戦で終結した。資材・要員不足で荒廃した施設と整備不足の車両で、輸送力は極端に低下していた。1947年に発生した高砂車庫の火災により12両が全半焼したこともあり、一時期の稼働車両数は在籍113両中、18両にまで低下していた。戦後の1946（昭和21）年にモハ200形に乗務員ドアを設置したモハ220形5両を

新造した。また東芝製の規格型凸型電機2両（デキ1・2）を購入し、クハ2〜3両を牽引して日暮里〜津田沼間で運転した。

　さらに戦災省電の払い下げを受け、大榮車輌の前身カテツ工業（津田沼工場内）の手でクハ2000形に改造した。18両のうち最後の2両以外は車体中央を縦に切断し、車幅を200ミリ切り詰める荒療治を

行い、貫通路幅が600ミリという異様な形態だった。1948（昭和23）年に運輸省規格型の600形10両が新造され、ドア配置は一般的な対象形となった。

　1945（昭和20）年に上野公園駅の営業が再開された。1950（昭和25）年には押上〜有楽町間の建設免許を申請した。当時の私鉄各社は都心延長路線を競願していた。これらの申請に対して、1956（昭和31）年都市交通審議会第1号答申で、東京都は都市内に建設される地下鉄新路線と郊外電鉄を相互に乗り入れする方針が決定した。京成は都が建設する1号線（現・浅草線）と全国初の相互乗り入れを行うこととなった。反対方向からは京浜急行の乗り入れが決定し、3者の間で車両の規格・性能・保安方式などの協定が結ばれた。

　京成はこれに備えて線路幅を1372ミリから1435ミリの標準軌に変更する大工事を行った。改軌工事は列車を運休することなく、全区間を11工区に分けて、千葉・成田方から着工し、1959（昭和34）年10月9日から11月30日までの2か月弱で全線82kmを改軌する大工事を完了した。改軌の終了した区間には、新採用された「赤電色」の3050形が走り始めて大きなPR効果を果たした。同時に押上駅の地下化工事が行われ2面4線の地下駅は、当時東洋一と言われた。

　これに先立ち1946（昭和21）年から旧陸軍鉄道連隊の廃線用地を借り受けて「新京成電鉄」の建設を進め、1947（昭和22）年12月に新津田沼〜薬園台間2.5kmで営業を開始し、段階的に路線を延長して

1955（昭和30）年に松戸まで全通した。

　1952（昭和27）年に1500形をオールクロスシートに改装した初代「開運号」の運転を開始した。翌年には専用のロマンスカー1600形を新造し特急「開運号」に就役させた。流行の前面2枚窓、左右非対称の1扉、国鉄特ロを簡易化したリクライニングシートを初採用し、デパートの入り口風の広幅貫通路などが好評を呼んだ。当初の2両編成から3両編成に増強され、看板列車として活躍した。

　1952（昭和27）年には一般用に画期的な新車クハ2100形が登場した。従来の京成スタイルから脱却し、半流張り上げ屋根、ノーシル・ノーヘッダのスマートなスタイルで、内装も豪華だった。1954（昭和29）年に登場したモハ700・クハ2200形はその後の京成スタイルを確立し、更新車もこのスタイルが基本となった。そのうちのモハ704・クハ2203は高性能車の試作車だった。続いて高性能車モハ750・クハ2250形が「青電」の最後として登場した。また1958（昭和33）年には地下鉄乗り入れに備えて、3社の車両基準に基づいたモハ3000形が「赤電色」をまとって製造された。

1-06 全国初の相互乗り入れ開始

　現在では当たり前の「相直（相互直通運転）」だが、はじめは2両編成だった。初の乗り入れに備えてモハ3100形を増備した。都営1号線（現・浅草線）は東日本橋、人形町、東銀座、新橋、大門、泉岳寺と延伸を続けて、1968（昭和43）年11月に西馬込まで全通した。1968年6月の泉岳寺延伸により、京浜急行が押上まで乗り入れを開始し3者乗り入れが開始された。使用車両は協定により統一された規格の、京急1000形（初代）、京成3000系（初代）、都営5000形が使用された。

　全通間もない1969（昭和44）年の大晦日から元旦

にかけて京急線三浦海岸駅から臨時特急「招運号」が京成成田駅へ運転された。この後1970（昭和45）年から行楽シーズンに京成成田〜三浦海岸・逗子海岸（現在の逗子・葉山）間に直通臨時特急（京急線内は快特）「城ヶ島・マリンパーク号」「逗子号」「パシフィック号」「成田山号」が運転された。また京成では、都心に向かう旅客の京成船橋で国鉄への逸走を防ぐため、1964（昭和39）年の大門開通を機に、「通勤準急」の直通乗り入れを開始した。以後優等列車の乗り入れは年を追って増強され、現在の「通勤特急」・「エアポート快特」に発展した。

1-07 空港線建設から開業まで

　1966（昭和41）年7月の閣議決定で新東京国際空港（現・成田国際空港）の建設予定地が、成田市三里塚地区に決定された。京成は空港への乗り入れのため1968（昭和43）年12月に京成成田〜成田空港間の新線建設の免許を申請。1970（昭和45）年11月に起工式を行い、突貫工事で1972（昭和42）年11月に竣工した。乗り入れ車両としてAE形30両を同年3月に製造し、公募で「スカイライナー」と命名された。

　また、日暮里〜京成上野間を運休して、京成上野駅の全面改良工事に着工、1976（昭和51）年に完工した。しかし成田空港は激しい反対運動により開港のめどが立たないまま経過した。やむなく1973（昭和48）年12月30日からAE車は「特急」として運転を開始した。

　京成は1972（昭和47）年の総武快速線開通・地下鉄東西線の津田沼乗り入れにより打撃をうけたうえに、空港線建設の投資は経営に多大な負担をもたらし、1973（昭和48）年のオイルショックも重なって経営危機に陥り無配に転落した。このため経営再建計画を策定、高度成長期に幅広く展開してきた観光・不動産・流通などの事業の縮小、資産買却、人員削減、谷津遊園の閉鎖、日本民営鉄道協会からの脱退など

の再建策を行った。その結果1990（平成2）年3月期に復配、民鉄協に復帰を果たした。

　1978（昭和53）年3月30日に予定された空港開港に向けて準備が進む中、空港管制塔へ反対派の乱入・破壊事件がおこり、開港は再度5月20日に延期された。しかし5月5日には過激派による襲撃でAE形6両が全半焼、沿線5か所で妨害事件が発生したが、同年5月20日に成田空港が開港し、厳戒体制のなか翌21日から成田空港駅開業、スカイライナーの京成上野〜成田空港間ノンストップ60分運転が開始された。当時の成田空港駅は、挫折した「成田新幹線」計画のため、ターミナルビルに乗り入れが認められず、約1km離れた場所に建設されてバス連絡が必要だった。このため利用者に嫌われ「スカイライナー」は不振だった。

　1980（昭和55）年2月には経費節減のため、一般車両のファイアオレンジ色への統一が完了し「青電・赤電色」が消滅した。1977（昭和52）年12月には第3セクターの千葉急行が発足した。1979（昭和54）年3月に北総開発鉄道（現・北総鉄道）の1期線として北初富〜小室間が開業し、暫定的に新京成線松戸に乗り入れを開始した。

1-08 快適輸送に向けて

　1982（昭和57）年3月、長年続いてきた行商専用列車が廃止され、一般列車の1両を指定車両とした。これも2013（平成25）年3月に廃止されている。9月には宗吾車両基地が竣工した。検車区に接する工場では、自社の全車両の全般検査・更新や改造工事も行うほか、北総開発鉄道（現・北総鉄道）・千葉ニュータウン鉄道の車両の全般検査・重要部検査も行う。1984（昭和59）年12月に通勤特急として「イブニングライナー」の運転を開始した。また運輸省は成田空港へのアクセス改善を目指した検討プランのうち私鉄を結ぶB案ルートを提唱し、新ルート（現・成田空港線）建設に向けて動き出した。

　1985（昭和60）年8月に最大のネックだった青砥〜京成高砂間複々線と青砥駅の重層化が完成した。青砥駅工事は着工から14年を要した大工事だった。

同年10月のダイヤ改正で「通勤特急」「モーニングライナー」の運転が開始された。1988（昭和63）年のモハ210・クハ2100形廃止で、運転性能の良い3000系の速度に統一された。1990（平成2）年6月にはJRのN'EX253系の登場に対抗して、スカイライナーの第2世代AE100形が登場した。1991（平成3）年3月31日に北総の2期工事の京成高砂〜新鎌ヶ谷間が完成、相互乗り入れを開始したことで北総線の列車も京急の羽田まで運転されることとなった。

　「成田空港駅」は、1987（昭和62）年11月に新幹線用の未成線の転用が決まり、第三セクターの成田空港高速鉄道の手でアプローチ工事が進められ、1991（平成3）年3月19日、空港第1ターミナルビル直下に新たな成田空港駅が建設された。すでに新幹線用に完成していた2面2線のホームを、京成とJR東日

本が各1面ずつを使用することで、直接乗り入れが実現した。従来の成田空港駅は「東成田駅」に改称され、スカイライナーは全便日暮里に停車することとなった。

1992（平成4）年4月1日に千葉急行電鉄の千葉中央〜大森台間開通で相互直通運転を開始し、7月には北総線の松戸乗り入れが廃止された。京成の一般車の塗色は1992（平成4）年から3200形4両編成4本で試験塗装を行った結果、グレーベースが採用され、1993（平成5）年7月に塗装変更が完了した。1997（平成9）年4月に博物館動物園物駅の営業を休止し、同駅は2004（平成16）年に廃止された。また千葉急行電鉄は1998（平成10）年9月末日に会社を清算、京成電鉄が翌10月1日から同線を引き継いで京成電鉄千原線となった。

1-09 100周年を迎え最速の「成田アクセス線」が開業

1998（平成10）年11月18日には、京急の羽田空港駅開業に伴い、成田・羽田の両空港を直通する特急列車の運転が開始された。2002（平成14）年10月に芝山鉄道が開業し、京成の乗り入れも開始された。第1種鉄道事業者だが、路線は2.2kmと日本一短く、リースによる1編成の車両を保有して京成車と共通運用されている。

2003（平成15）年2月には環境に配慮したオールステンレス製、ブロック構体採用の新3000形が登場した。京成グループの新標準車として、部品の共通化などを行って新京成のN800形、北総の7500形が製造された。2004（平成16）年7月には「北総開発鉄道」が「北総鉄道」に社名変更した。

2009（平成21）年6月30日には会社創立100周年を迎えた。これを記念して3300形4連に旧「青電」塗色を復元して記念列車を運転した。続いて「赤電・ファイアオレンジ」色の復元も行われた。10月にはアクセス線開業に備えた日暮里駅の重層化工事が完成し、3階になった下りホームは1面の両側使用で、ライナー客と一般客の分離を図り乗り換え客の利便性が向上した。

2010（平成22）年7月17日には新たな空港アクセスの切り札となる「成田スカイアクセス線」が開業し、新型AE車によるわが国最速の160km/h運転が開始され、日暮里〜空港第2ビル間が最短36分に短縮された。新AE車は山本寛斎氏により、速さを象徴する「風」をコンセプトにしてデザインされた。同時に「アクセス特急」の運転も開始され、空港をイメージした内・外装の3050形6編成が登場した。

2019（令和元）年には3100形が新造され、空港利用客のため、外装をアクセス線のイメージカラーのオレンジ色に変更、一部に荷物置場として跳ね上げ座席の設置が行われた。アクセス線開業10周年を迎えた2020（令和2）年には、記念ヘッドマーク付き車両の運転、駅に記念シートの掲出などが行われた。

モハ100形の形態変化

・京成・新京成の主力を担う

　モハ100形は1926（大正15）年の成田開業に際して、一挙に25両が製造された京成初の半鋼製車である。パンタグラフを当初は2基搭載し、前面窓は中央が大きい5枚窓で、客室とともに一段下降式窓、台枠はトラス棒付きだった。事故や戦災で被災した車両もすべて復旧され、全車が新京成に移籍して1987（昭和62）年にその生涯を閉じるまで、実に61年という長期間にわたって活躍した長寿車両だった。京成では同系のクハ126形10両とともに、200系が登場するまで成田詣での主役とし。新京成では急増する旅客数に対応すべく、機器改造後6連・8連の輸送力列車として活躍したが、8000形・8800形の増備と入替に廃車が始まり1987（昭和62）年に全廃された。

・更新工事で大きく変身

　1953（昭和28）年から開始された京成での更新工事で、原型の車体とは全く異なるスタイルに変身した。当初のドア・窓配置の1D1222D2221D1から、ドア配置が非対称のdD5D5D2d、向かい側の側面はd2D5D5Dd（数字は窓の枚数・Dは客用の・dは乗務員用のドア）に、妻面も5枚窓非貫通から、3枚・貫通扉付きに代わった。

　この非対称の室内レイアウトは、200形から始まった「京成スタイル」と言われ、車内混雑の均一化を狙ったものだった。今の路面電車の車内レイアウトにも通じるものである。

　京成在籍中に10両が「更新」され、新京成に譲渡後に15両が「特修」されている。その工事が長期にわたったことから、様々なタイプが登場した。車体も半鋼製から、全金属製に変わり、新京成に譲渡後には、京成時代には予想もしなかった長編成化に伴う収容力増加のため、運転室の片運・全室化、パンタグラフ撤去・中間電動車化などの大掛かりな工事も行われた。

・100形の異端車

　京成のモハ100形のうちには異端車が存在した。104が1928（昭和3）年火災消失、雨宮でクハ126と同系車体を新製した。1940（昭和15）年津田沼車庫火災で再度焼失、また同年115・116が火災消失した。この3両は当時系列化した梅鉢車両※において、1100形似の車体を新製した。1100・1500形と同様に、ヘッドライト埋め込み、貫通扉上に通風器を設置した（次ページ竣工図参照）。

　1947（昭和22）年の高砂車庫火災では101，118とともに104は三度目の全焼、120が半焼し、それぞれ応急工事で復旧した。1953（昭和28）年に本格更新工事を開始して、104・101・118が施工された。109は千葉駅で戦災を受け1948（昭和23）年梅鉢から変わった帝国車両で、他の戦災車（モハ210・クハ507・512）とともに切妻・三段窓の63形タイプのドア配置対称型車体（dD5D5Dd）を新造した。後年4両運転時代には行商専用車となったが、1959（昭和34）年の3連化ののちは、1964（昭和39）年に新京成に譲渡され、109は異端車115・116・120と共に「特修」を受けて中間電動車となった。なお京成の初期更新車である104・101・118・123の4両は、新京成で「特修」を受けることなく、1979（昭和54）年に100形の最初に廃車されている。

※梅鉢車両
1890（明治23）年頃に梅鉢安太郎により堺市で創業された梅鉢鉄工所が前身で、1921（大正10）年鉄道省指定工場に。1936（昭和11）年梅鉢車両株式会社、1938（昭和13）年に京成が株式の過半数を取得した。1940（昭和15）年、鳳に移転して「帝国車両株式会社」となった。1946（昭和21）年に京成の傘下を離れる。1968（昭和43）年に東急車輌株式会社（現・JR東日本グループの「株式会社総合車両製作所」）と合併した。

京成・新京成　モハ100形更新・特修工事　一覧表

改造年	車号				車体構造	屋根	運転室	シル・ヘッダ	雨樋	通風器	連結面妻	パンタ位置	廃車	記事
1953	*104*				半鋼製	ルーフィング	両運	あり	あり	ガーランド	—	前	1979年	再更新未施工
1955	*101*				半鋼製	ルーフィング	両運	なし	あり	ガーランド	—	前	1979年	再更新未施工
1955	118				半鋼製	ルーフィング	両運	なし	あり	ガーランド	—	前	1979年	再更新未施工
1956	*123*				半鋼製	ルーフィング	両運	なし	金属細	押込み式	—	前	1979年	再更新未施工
1956	117	122			全金属製	鋼板	*なし*	なし	金属細	ガーランド	*切妻*	撤去	1987年	
1957	102	103			全金属製	鋼板	なし	なし	金属細	ガーランド	*切妻*	撤去	1987年	*車体150㍉延長*
1957	112	121			全金属製	鋼板	*片運*	なし	金属細	ガーランド	*丸妻*	*後*	1983年	
1958	105	*106*			全金属製	鋼板	なし	なし	*下雨樋撤去*	埋込み	*切妻*	*撤去*	105・1987年 106・1986年	
1958	110	119			全金属製	鋼板	*片運*	なし	*下雨樋撤去*	埋込み	*丸妻*	*撤去*	110・1985年 119・1984年	
1959	*113*	114			全金属製	鋼板	片運	なし	*下雨樋撤去*	埋込み	*丸妻*	撤去	1986年	
1960	111	*120*	124	125	全金属製	鋼板	*片運*	なし	*下雨樋撤去*	埋込み	*丸妻*	*撤去*	124・1987年 他は1985年	
1962	115	116			全金属製	鋼板	片運	なし	*下雨樋撤去*	埋込み	*丸妻*	*撤去*	1986年	
1958	107				全金属製	鋼板	*片運*	なし	*上雨樋撤去*	埋込み	*切妻*	後	1987年	*車体75㍉延長*
1959	108				全金属製	鋼板	*片運*	なし	*上雨樋撤去*	埋込み	*切妻*	後	1987年	*車体75㍉延長*
1961	109				全金属製	鋼板	*なし*	なし	*下雨樋撤去*	埋込み	*切妻*	*撤去*	1986年	

注1：車号の細数字は京成で「更新」済み車、太数字は新京成で「特修」施工車
注2：斜字は新京成で再度の「特修」で施工された工事
注3：車号が太・斜字の車両の形態は写真を参照

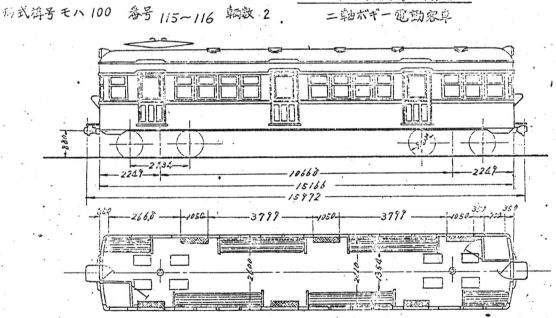

ドア配置が非対称のレイアウトは「京成スタイル」と言われた。

◎モハ126　五香車庫　1965（昭和40）年3月28日
撮影：宇野 昭

◎モハ101　五香車庫　1963（昭和38）年4月

◎モハ104　藤崎台　1963（昭和38）年頃　撮影：宇野 昭

◎モハ120　京成津田沼
1969（昭和44）年2月

◎モハ123　京成津田沼
1971（昭和46）年1月10日

◎モハ113　京成津田沼
1970（昭和45）年1月

◎モハ106　五香車庫
1970（昭和45）年1月

京成電鉄の時刻表

1924（大正13）年9月1日改正

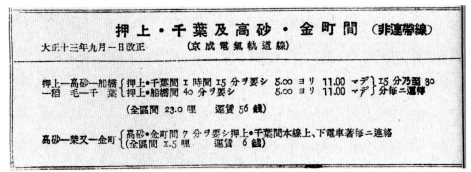

1940（昭和15）年6月1日訂補

十五年六月一日訂補　　京 成 電 氣 軌 道 線　連　　主要連絡驛ノミヲ示ス

初電	電	特急	交互15分毎運轉 上野・千葉ヨリ	終電	電	粁程	運賃	驛名	初電	特急	交互15分毎運轉 成田・千葉ヨリ 上野・押上ヨリ	終電	電
…	5 00	5 20	8 00	22 05	23 50	…	0.0 圓錢	發上野公園著	5 13	5 39	14 53	23 49	0 20
…	5 04	5 24	8 03	22 09	23 54	…	2.1	10	〃日暮里發	5 09	5 35	14 50	23 45	0 17
…	5 12	5 32	8 10	22 17	0 02	…	5.9	15	〃千住大橋〃	5 01	5 27	14 46	23 37	0 09
…	5 16	5 36		22 21	0 06	…	8.8	20	〃堀切菖蒲園發	4 57	5 23		…	8 04
4 50	5 09	5 29	8 08	22 14	24 00	0 20	0.0 錢	押　上著	5 02	5 29	14 45	23 41	0 10
4 54	5 13	5 33		22 18	0 04	0 24	1.7	5	向島發	4 59	5 25		23 37	0 06
5 01	5 20	5 40	8 16	22 25	0 10	0 31 0 45	11.5	25	青砥	4 53	5 19	14 36	23 20	24 00
5 03	5 22	5 42		22 27	0 13	0 33 0 47	12.9	25	京成高砂	4 49	5 16		23 27	23 57
5 08	5 27	5 47		22 32	0 18		16.4	30	市川國府台	4 44	5 11		23 22	23 52
5 10	5 29	5 49		22 35	0 20		17.4	30	市川眞間	4 42	5 09	特急	23 20	23 50
5 17	5 36	5 56		22 42	0 27		20.9	35	京成中山	4 35	5 02	成田發	23 13	23 43
5 23	5 43	6 03		22 49	0 34		25.2	45	京成船橋	4 28	4 55	上野押上	23 06	23 36
5 30	5 49	6 09		22 54	0 40		28.2	50	谷津遊園	4 22	4 49	14 40	23 00	23 30
5 32	5 51	6 11	8 43	22 57	0 42		29.7	60	京成津田沼發	4 20	4 47	14 10	22 58	23 23
5 42		6 21	押上發 成田發 9 08		0 52		37.9	75	京成稲毛著	4 10		15 40	23 18	0 03
5 50		6 29	10 08 11 08				42.7	75	著京成千葉發	4 02		16 40	23 10	23 55
…	5 55		9 08	22 59			32.1	65	發京成大久保		4 37		22 55	
…	6 16		10 08	23 21			51.0	1.00	〃京成佐倉		4 15		22 33	
…	6 29		11 08	23 34			61.5	1.00	著京成成田發		4 02	13 40	22 20	

押上・京成金町間9.4粁 16錢 17分要シ押上發5 29—23 54 マデ　京成金町發5 51—23 22 マデ15分毎運轉

1956（昭和31）年11月20日改正

51・11・20改正　上野—成田—千葉—金町 連（京成電鉄）

特急 930	初電	電	終電		電	粁	賃	駅名	初電	電	終電		特急 1536	間隔
930	…	500	2230	2302	2345	020	円	發京成上野著	503	526	609	…	009 1536	
	…	504	2234	2306	2349	024	2.1	10	〃日暮里発	458	522	604	…	005	
	…	510	2240	2312	2355	030	5.9	10	〃千住大橋〃	452	515	558	…	2358	2・10分
944	…	515	2245	2317	2400	035	8.7	20	〃堀切菖蒲園〃	448	511	553	…	2354	
	…	520	2250	2322	005	040	11.5	30	〃青砥〃	443	506	549	…	2349 1522	
（開運号）	500	523	2253	2325	008	043	12.8	30	〃京成高砂〃	440	503	546	…	2346	
	508	531	2301	2333	016		17.4	30	〃市川眞間〃	…	455	538	…	2338	（開運号）
	517	540	2310	2342	025		21.7	50	〃東中山〃	…	446	529	…	2329	
	524	547	2317	2349	032		25.2	70	〃京成船橋〃	…	439	522	…	2322	
	530	553	2323	2355	038		28.2	70	〃谷津遊園〃	…	432	515	…	2315	
1036	533	556	2326	2358	041		29.7	70	〃京成津田沼著	…	429	513	…	2313	
	458	546	609	2339	013		38.7	90	〃京成大和田著	…	…	500	2300		10-20分
	513	601	624	2354	…		51.0	110	〃京成佐倉〃	…	…	445	2245		
	522	610	633	003	…		57.2	130	〃宗吾參道〃	…	…	436	2236		
	528	616	639	009	…		61.5	140	著京成成田發	…	…	430	2230	1430	
	505			2400			29.7	70	發京成津田沼著	500		2400	2348		10-20分
	516			011			37.9	90	〃京成稲毛〃	448		2348			
	525			…			42.7	90	著京成千葉發	440		2340			

| 特急「開運号」京成上野—京成成田 座席指定料金 50円 | 445 457 500 506 509 | … | … | … | 2330 2342 2346 2348 2351 | 2350 002 005 | 円 | 円 | 發押上著 〃青砥砥發 〃京成高砂〃 〃柴又〃 著京成金町發 | 500 448 445 … … | 519 507 500 458 455 | 001 … … … … | … 2348 2343 2342 2338 | — 2400 2358 2355 | 4-10分 |

（粁 0.0 / 5.7 / 7.0 / … / 9.4　賃 円 / 10 / 20 / 20 / 20）

急行 上野發818.839.900.942.1003.1022.1038.1102.1122.1142　通勤 成田發617.641.708.728
護摩 成田發1406.1450.1510.1528.1547.1608.1628.1649　急行 上野發1705.1728.1749.1810.1831

第2章
路線の拡大と
その時代の車両

1500形クハ1501の2両編成、上り急行「護摩電」が京成津田沼駅に停車中。1500形が一般用だったこの時代、最前部座席は原型のロングシートだった。◎京成津田沼　1951（昭和26）年3月

2-01 木造車の時代。戦後まで在籍していた20形、39形、45形

開業時には1形（1〜5）でスタート。1915（大正4）年に8〜11が増備された。1形は雨宮製作所製で車体長13メートル2軸ボギー。3扉で出入り台でなく、ホームから直接乗降できる先進的な高速電車スタイルで、床はリノリューム張だった。この後、6・7形、12形（12,13）の4輪単車と、金町線の多客時に備えた14形（T車14〜19）が存在した。

20形（20〜31）は千葉開業の1921（大正10）年雨宮製で、車体長16メートル、電装はGE製で105HP×4主電動機、電空カム軸式制御装置を搭載した。車体は貫通路付き5枚窓の妻面（のちに貫通扉片3枚窓に改造）、明り取り窓を持つ3扉車で内装も豪華だった。モハ27は1931（昭和6）年に押上での火災により200形タイプの半鋼車に復旧した。1936（昭和11）年に27を除いて、電装品を126・1100形に譲りクハとなった。

戦後の1946（昭和21）年に20,22,29の3両が鋼体化された。1962・1963（昭和37・38）年にモハ27とクハ3両が新京成に転出し、1971（昭和46）年に更新されモハ1105とサハ1108-1110となった。

39形（39〜44）は6両のうち40,43が33形とともに1938（昭和13）年に鋼体化されモハ300形となっていた。事故や戦災で41のみが生き残り、新京成開業時に転出し1067ミリに改軌して運用された。

45形（45〜48）は、半鋼製の100形のあとの1927（昭和2）年に、再び雨宮で製造された丸屋根の木造車。4両のうち46が戦災、残りの45,47,48の3両が新京成電鉄の開業用に転出し、41とともに新京成のスタートの任に当たった。その後に鋼体化され、41（→46）＋45、47＋48に半鋼製、片運転台、固定編成の新45形となった。

木造貨物電車モニ5形（5・6）は1925（大正14）年にモニ5〜7を新造、1500Vの直接制御車。モニ7は戦災で廃車され、1947（昭和22）年の高砂車庫火災で全焼したモハ46の狭軌改造台車に、新造車体を載せて銚子電鉄に売却しモハ200となった。5・6の2両は、戦後も長くバラスト輸送などに使用されたが、モニ6は1972（昭和47）年、モニ5は1974（昭和49）年に廃車された。

2-02 念願の成田に延長

1926（昭和元）年に成田花咲町まで開通した京成は、大型車両の高速運転が開始した。

モハ100形（101〜125）は雨宮製作所製。最初の半鋼製、トラス棒付き、前面5枚窓、丸屋根だが内部は二重天井、制御器はデッカー方式の国産品である東洋電機製を使用、最初は1200V/600Vの複電圧車両。初のパンタグラフ搭載車（当初は2台）で、一挙に25両を製造した。戦後に更新工事を施工され、新京成に移籍後も主力車両として長寿を保った。事故復旧車として、1940（昭和15）年の津田沼車庫火災の104、追突事故の115,116の3両が梅鉢車両で200形タイプに復旧した。

戦後の車体改造車として空襲被災の109を国鉄モハ63形タイプで復旧、1947（昭和22）年の高砂車庫火災の101,104,118を1947（昭和22）年からドア配置が対称の車体に改修した。戦後も多数の原型車が活躍したが、その後に残る全車がドア位置非対称の全金属車体に更新された。1962（昭和37）年から新京成電鉄への譲渡が始まり1967（昭和42）年までに25両全車両が移籍し、新京成の主力車両となり最終期には一部で8両編成を組んで輸送力列車に活躍した。

クハ126形（126〜135）は1928（昭和3）年の雨宮製、100形とほぼ同寸法だが窓配置がやや異なり、鋼板屋根でドア上に水切りが付いた。1936（昭和11）年に20形のGE製機器により電装、このためDK系の100形と連結不能となった。1941（昭和16）年に131〜135の電装品を1100形に譲り再度クハに。戦災

車3両を除いた7両（モハ126~130、クハ132,133）が1959（昭和34）年から新京成電鉄に譲渡された。モハ4両は新京成でモハ45形と同型の全金属製車体・片運転台・2両固定編成に更新された。

2-03 上野線の開業で路線網が完成

1931（昭和6）年12月に青砥～日暮里間9.4キロ、1933（昭和8）年12月19日に日暮里～上野公園に地下線で延長、山手線内に乗り入れた初の路線となった。

モハ200形10両が日暮里開業時に登場した。続いて210形、クハ500・510形、モハ300形が登場。これらはドア配置が非対称の独特な車内レイアウトは「京成スタイル」と言われた。

モハ200形（200~209）は1931（昭和6）年汽車東京製、ドア配置が非対称の独特の「京成スタイル」片隅運転台、反対側座席は最前部まで設置の関東型、1200Vで120HP×4の主電動機搭載の高速電車、台車はボールドウインタイプの組み立て枠軸距2400ミリ、当初から自連を装備、120キロ運転可能な性能だったという。

1954（昭和29）年から車体特修工事により、乗務員扉新設、全室運転台化、貫通幌取り付けなどが施工された。1965（昭和40）年に更新修繕、車体を2100形同様の全金属製張り上げ屋根、主電動機を130kwにパワーアップ、台車のコロ軸化を全車に施工。1978（昭和53）年に209以外の9両が新京成に移った。

モハ210形（210-219）は1932（昭和7）年製で、ブレーキが200形の三菱と異なり芝浦製、210（→モハ511）は千葉で戦災、63タイプで復旧、1961（昭和36）年に行商用電車の押上への乗り入れ用に全金属張り上げに改造。210の代替にはモハ511をモハ210（二代目）として更新した。それ以外の全車両は1955（昭和30）年に特修、さらに1966（昭和41）年から車体更新とともに台車、機器も高性能化し110kw主電動機にWN駆動6両、TDカルダン駆動4両の中間電動車となった。2100・2000形と4両固定編成を組成し、後年は青電色からファイアオレンジに装いを変えて、3000系赤電に伍して1988（昭和63）年まで活躍した。

クハ500・510形（500-509）は1933（昭和8）年の日車支店製、モハ200形のTc、510-519は1934年日車支店製でこちらはCPを搭載していた。507、512が千葉空襲で被災し、63形車体で復旧、512はモハとなる。1959（昭和34）年の改軌完了後に改軌用予備の台車FS—28を512以外の12両に使用してモハ化された。1966（昭和41）年から200形同様の張り上げ全金属車体に更新。1975（昭和50）年から6両が新京成に譲渡され、残ったモハ511～517は1980（昭和50）年までに廃車された。

モハ300形（301~308）はモハ33形33-38、モハ39形40、43を1928（昭和3）年日車支店で鋼体化した2ドア車、200形より窓の天地寸法を拡大、一層軽快なスタイルとなった。当初から千葉線、金町線主体に使用された。主電動機整流不良でパラノッチ禁止となり、新京成の松戸全通時に全車両が転籍した。1966（昭和41）年から更新が開始され、片運転台、全金属・3扉の新45形と同型車体となり、ヘッドライトが埋め込み式となった。その第一陣のモハ307＋308のうち、307は新京成初のアルミカーだが、車体は汽車東京製で、308と合わせてピンク/マルーンに塗装されて見分けがつかなかった。

「関東型と京成型」

　戦前の関東私鉄の車体の多くが、車長17メートル級、3扉ロングシート、片隅運転台、運転台の向かい側座席は最前部までというタイプが多用されていて、ファンの間で「関東型」と言われていた。東横（→東急）デハ3450形、帝都（→京王井の頭線）デハ1400形、東京地下鉄1000形などがこれにあたる。これに対して「京成型」とは、側面ドア配置が非対称型で、1D 5D5D3（Dは客用ドア、数字は窓の枚数、乗務員ドアは無い）で、向かい側はこの逆となるユニークなレイアウトで、200・500・300・1100・1500と更新後の100形で採用されていた。

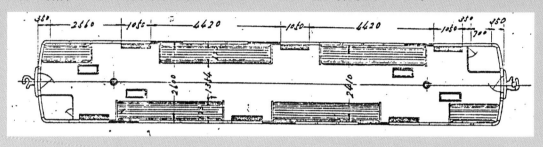

2-04 戦前最後の増備車

　モハ1100形（1101~1106）は、1941（昭和16）年に当初はクハとして梅鉢車両 で製造された。200形とほぼ同型だが全溶接車体、ヘッドライトに流線型カバーが付いた。貫通扉上に押し込み通風器。デッカーの制御装置を譲り受けたので、126形としか連結できなかった。1101は高砂車庫火災で復旧乗務員扉新設、1958（昭和33）年から1102以降の5両に乗務員扉新設、貫通幌の取り付け、1961（昭和36）年に6両全車が新京成電鉄に転出した。1970（昭和45）年から更新工事が始まり1105，1106はサハ化、サハ1105は1107に改番、後年モハ27が更新されモハ1105となった。

　電装され、機器はモハ126形から転用のため、1100形同クハ1500形（1501～1504）は1941（昭和16）年梅鉢製。1100形と同タイプで京成初の2扉セミクロスシート車だが、生まれた時期が悪く、戦時体制で1942（昭和17）年にロングシート化された。1951（昭和26）年1月にセミクロス復活、上半部ブルーグレイー・下半部コバルトブルーの急行色を採用した。同年12月に1501，1503をモハ化、さらに1952（昭和27）年モハ1501、クハ1502をオールクロス化、貫通幌、放送設備を設け、7月1日から特急「開運号」の運転を開始した。翌1953（昭和28）年に1600形二代目「開運号」の登場で交代、1954（昭和29）年に4連化してクハ1502，1504にトイレ、1501に放送室を設置、急行用として運用された。

　1955（昭和30）年3月の津田沼車庫火災で、1502、1504が全焼、1503が半焼。1502、1504は大栄車両で切妻、ノーシル・ノーヘッダ、オールクロス、対称配置のレイアウトで復旧、クリームとマルーンの新塗色で、1600の代打や臨時特急に使用された。1963（昭和38）年に3扉ロングシートの一般車に格下げ改造された。1967（昭和42）年12月に新京成電鉄に転出し、後年クハ553+モハ253+モハ254+クハ554の編成に改造され、1990（平成2）年まで使用された。

2-05 戦後の復興と増備車

　モハ220形と規格型のモハ600形の新造。戦後の新車は200形の形態を引き継いだモハ220形10両、次いで運輸省規格型といわれるモハ600形10両が製造され、稼働車不足に悩む京成の復興に大きな役割を果たした。

　モハ220形（210~219）は200形の増備車。1946（昭和21）年帝国車両製　運転室側のみ乗務員ドアを新設し、次の600形とともにブルー塗色で登場した。1955（昭和30）年最前部座席を改造、パイプ仕切りの上車掌側にも乗務員ドア設置。1964（昭和39）年に車体更新して1967・1968（昭和42・43）年に新京成電鉄に移った。

　モハ600形（601~610）は1948（昭和23）年帝国車両製。運輸省の規格型で、ドア配置は一般的な対称形となり、乗務員ドアも4か所設置された。車体のみを受け取り艤装は社内で施工された。新車とあって入線後は一部が急行色となって優等列車に運用された。1962（昭和37）年から2100形同様の片運転台、張り上げ屋根の全金属車体に更新された。1968（昭和43）年に609，610が新京成電鉄に転出。601~610はクハ2000と組んで3M1T編成で1973（昭和48）年まで活躍した。

　デキ1形（1,2）は1947（昭和22）年5月に製造された東芝製の凸型電機で、戦後の余剰品が活用された。東武鉄道にも同型機があった。戦後の混乱期にクハ2両を牽引して、上野への勾配を登れないため日暮里止まりの列車が運転された。その後は工事用、除雪用などに使用されて1974（昭和49）年に廃車となった。

　戦災復旧車として特異な63形。京成の戦災の被災車は9両だったが、木造のモハ38、39とクハ126形3両は廃車され、モハ109，210，512、クハ507の4両が、帝国車両で切妻・三段窓の私鉄版63形ともいうべき特異なスタイルで復旧された。国鉄の桜木町事故後に2段窓に改造された。後年は行商専用の嵩高荷物

電車として、モハ210+クハ507+モハ512の編成で運用されたが、押上駅の地下化で210が全金化、210・507は半鋼製のまま片運転台化された。1966（昭和41）年に他のモハ210形の更新に関連して、その適用外となったモハ210はモハ511に改番された。511は高砂で分割して単行で押上に向かっていた。1972（昭和47）年に704・1602・2203の編成と交代した。

　払い下げ省電クハ2000形（2001~2018）。戦後車両不足に悩んだ関東の私鉄各社は、戦災省電の被災した車体の払い下げを受け、応急復旧の上使用した。京成でも17メートル級車両の払い下げを受け、カテツ工業で車体幅を縮めるために、台枠をレール方向に切断し200ミリ縮小する荒療治を行った。このため最後の2両の車体新製車（クハ2017,2018）以外は、貫通扉が極端に狭い特異なスタイルとなった。クハ2001~2016の応急復旧車は、1948（昭和23）年から登場した。

　省電の旧称号でモハ30,31,50,クハ65,サハ39の各形式があり、1両ごとに形態が異なっていた。2017,2018の2両は1952（昭和27）年大栄車両製で、台枠のみ使用し車体を新製した。2000形は1957（昭和32）年から更新が開始され、全金属製張り上げ屋根、屋根側面に埋め込み式の通風器　全室式片運転台、蛍光灯装備、初期車以外の車幅拡大（100ミリ）が行われた。この際に向きを上野向きに揃えた。

　2017・2018は1964（昭和39）年新京成電鉄に移り、更新で全金属製のサハ1111・1112となった。他の2000形は2008を除く10両が1966（昭和41）年から新京成電鉄に移り、うち8両は更新してサハ化された。2008は1967（昭和42）年、モハ210形の高性能化改造、4両固定編成化に際しクハ2100形の不足した1両を補うため整備が行われ、さらに1970（昭和45）年に装備改造が行われ、その後ファイアオレンジ塗装となり1987（昭和62）年まで活躍した。

2-06 「開運号」の運転開始

　1957（昭和32）年5月1日から戦後初の特急「開運号」が、再整備された1500形2両編成で運転を開始

した。所要時分は青砥のみ停車で、成田まで84分だった。

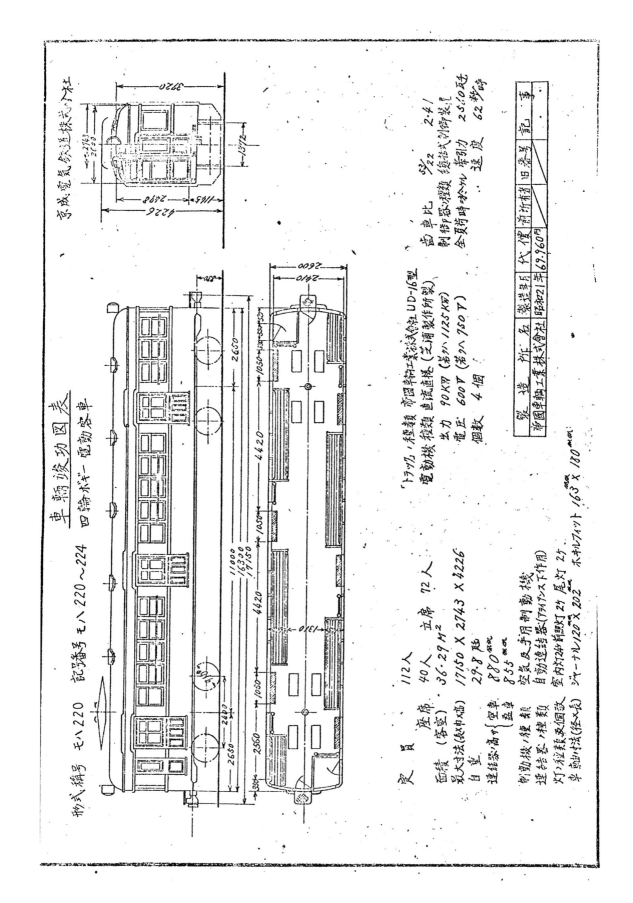

車輌諸元図表

形式称号　モハ220　記号番号　モハ220～224

四輪ボギー電動客車

京成電気鉄道様式ノ水上

定員　112人
座席　40人　立席　72人
面積(容室)　36.29 M²
最大寸法(長さ×幅)　17150 × 2743 × 4226
自重　29.8 瓲
連結器ノ高サ{空車 880 mm / 満車 855 mm}
制動機ノ種類　空気及手用制動機
連結器ノ種類　自動連結器(シャロン下作用)
灯ノ種類表個数　室内灯24個 前照灯24 尾灯2個
車軸寸法(径×長)　ジャーナル120 × 202　ホキルフィット 163 × 180 mm

「トラック」ノ種類　帝国車輌工業試験会社 UD-16型
電動機ノ種類　直流直捲 (芝浦製作所製)
出力　90KW (岩か 1125KW)
電圧　600V (第ハ 750V)
個数　4個

歯車比　53/22　2.41
制御器ノ種類　総括式制御装置
全界時ホーサル牽引力　25.0瓲
速度　62 粁/時

製造所名	製造年月	代価	旧番号	記事
帝国車輌工業株式会社	昭和21年	69,960円		

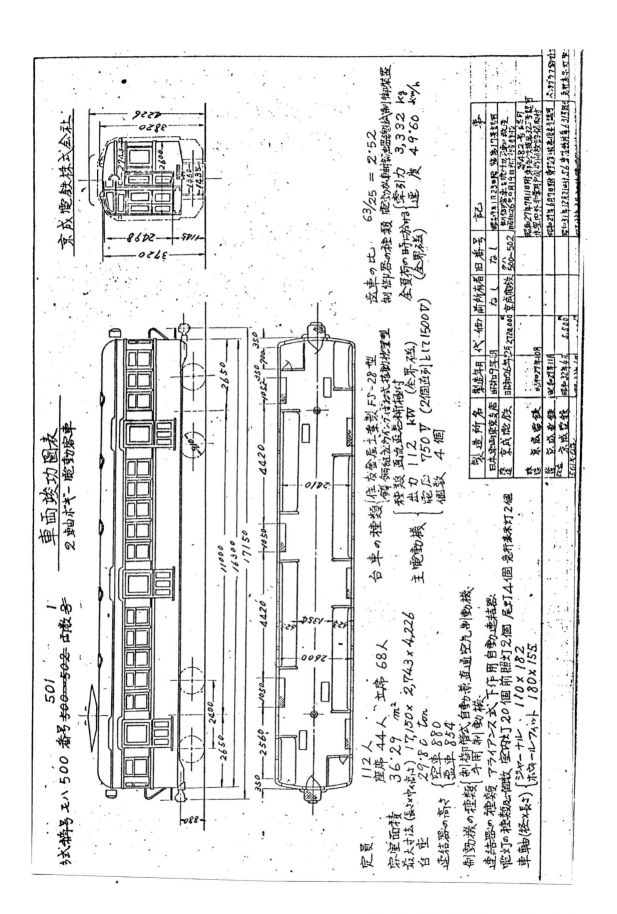

車両竣功圖表

試解号 モハ500番号500→502と改番す

501

2軸ボギー電動客車

京成鐵式會社

	製造所名	製造年月	代 価	前所有者	旧番号	記 事
造	日本車両製造支店	昭和9年頃	な し	な し		昭和9年ヨリ23年迄ニ入線ヲ記載ス
	電気 日立製作所	日立昭和26年5月 2720000	2720000	京成電気軌道 500→502		昭和27年4月11日竣功申請ト共ニ改造
						昭和26年9月14日ニテ申請ニ符号
改	京成電鉄	昭和27年4月11日				昭和27年4月11日竣功申請ト共ニ改造
	認可 京成重整	昭和27年4月				昭和21年6月7日竣工23年8月竣功告示許
	認可 京成認電	68ヌ323445	5,620			昭和31年12月21日台車間ヲ4尺材料トリ引上ス
	第501号					昭和工ノウラシ ヲウテ

定員 112人
客室面積 36.29 ㎡ 座席 44人 立席 68人
最大寸法 (長×巾×高ツ) 17,150×2,743×4,226
台 自重 29.8 ton
　　{ 空車 880
連結器の高さ { 空車 854

台車の種類 住友金属工業製 FS-28型
種類 鋼板組立タイプ ウィングバネ台車弾力性型付
軸配置 直流直巻式 線輪捲付

主電動機 出力 112 kW (全界磁)
電圧 750 V (2個直列にして1500V)
個数 4個

制動装置の種類 {制御器式 自動常用直通空気制動装置
　　　　　　 { 手用 制動装置

連結器の種類 アライアンス式 下作用自動連結器
電灯の種類及び個数 室内灯20個 前照灯2個 尾灯4個 急行表示灯2個
　　　　　 ジャーナル 110×182
車軸(径×長さ){ホワイトルーフバット 180×155

自重の比 63/25 = 2.52
制御器の種類 鳥成カム軸鋸車器間接制御制御装置
全負荷の時ノ加速力 牽引力 3,332 kg
（全界磁） 速度 49.60 km/h

20形

クハ20形クハ20。クハ20形は1936（昭和11）年に木造車モハ20形の27を除くモハ20〜29の10両がクハ126形に電装品を譲って
クハとなった。モハ31も1941（昭和16）年クハ1100形に譲り、火災復旧でモハ化された27以外すべてクハ20形となった。1946（昭
和21）年に20,22,29の3両が帝國車輌で初の乗務員ドア付きで鋼体化された。◎津田沼車庫　1954（昭和29）年3月

100形

モハ100形モハ108。護摩電仕業につく100形。関東では既に珍しくなっていた前面5枚窓が懐かしい。外観は丸屋根だが、室内は二段天井だった。運転台はH棒仕切りの中央にあった。◎京成小岩〜江戸川　1953（昭和28）年4月

モハ100形モハ114。線路脇に柵もないのどかな時代、今は住宅が連なるこの区間も木々の緑が多かった。市川市の木である
クロマツも、今ではめっきり少なくなった。◎菅野〜京成八幡　1953（昭和28）年8月

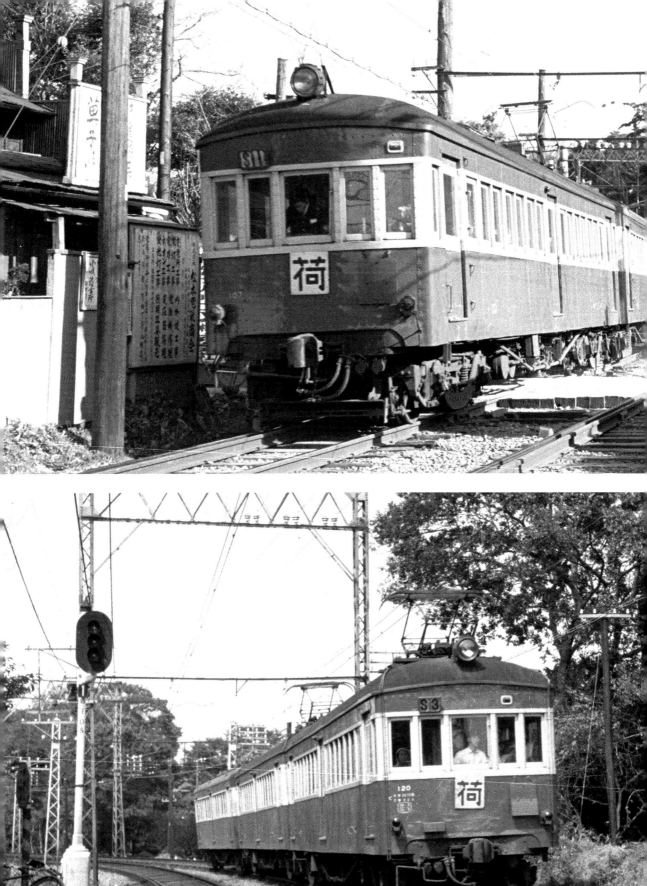

モハ100形モハ107。行商電車に使用中のモハ100形の2両編成。このあたりの風景は今もあまり変わらない。
◎京成中山～葛飾
1953（昭和28）年2月16日

126形132。新京成に移籍後塗色変更されたクハ132でモハ100形と同様に、前面5枚窓など多分に木造車時代の面影をとどめていた。◎前原　1963（昭和38）年8月4日　撮影：宇野 昭

モハ100形モハ120。3両編成の行商電車。今は列車の後ろの森のあたりを、JR武蔵野線の高架線が通っている。
◎葛飾～海神　1953（昭和28）年

モハ100形モハ102 + 2001 + 103の更新
車3両編成。中山競馬の開催日に営業
する仮駅だった中山競馬場駅は東中山
駅に改称され、2面4線の急行追い抜
き可能の主要駅に改造された。
◎東中山　1958年（昭和33）年2月16日

モハ100形モハ103＋2001＋102。大榮車
輛での更新工事も手馴れてきて技術力
も向上、全金属製車体鋼板屋根となっ
たが、まだ細い雨樋付だ。
◎東中山　1958年（昭和33）年2月16日

モハ100形モハ109。3両編成の上り行商電車。この時代、最大3往復が運転されていた。
◎鬼越～京成八幡　1961（昭和36）年8月

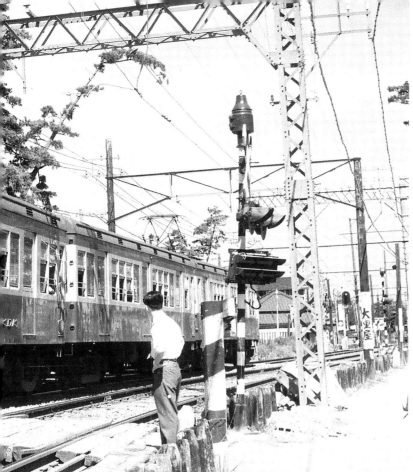

モハ100形モハ119。独特のルーバー通風器を備えた更新の最終タイプであるクハ2000形も同タイプである。現在では列車の後方に2020（令和2）年に改築された新しい市川市役所が建っている。
◎鬼越〜京成八幡
1961（昭和36）年8月

モハ100形モハ109。戦災復旧車で特異な国鉄63形タイプの車体が系列の帝國車輌で新造された。同形車にモハ210、クハ507、モハ512があった。当初は3段窓だったが、この時代は2段窓に改造されていた。◎津田沼車庫　1954（昭和29）年3月

200形

モハ200形モハ202。戦後の特別修繕を受け、乗務員ドア、貫通幌が付けられたモハ200形。松の生えた丘陵の続くこの辺りは、戦前からの保養地で静かな佇まいが残っていた。◎東中山〜葛飾　1958（昭和33）年2月16日

モハ200形モハ218。戦後、特別修繕を受けた200形が京成高砂駅3番線に停車中。現在この3・4番線から京成本線・成田アクセス線・北総線の列車が発着する。◎京成高砂　1965年（昭和40）年

モハ200形モハ200。八千代台駅を発車した急行列車。200形は更新の際にドア位置が
対称の700形以来の京成タイプとなった。クハ2000形１両を組み込んだ４両編成で活
躍した。◎八千代台　1969（昭和44）年２月

モハ200形モハ201。朝ラッシュ時の特急列車混雑緩和用として、八千代台～東中山間
の上りに登場した「区間特急」で、特急に続行する。設定当初は3000系使用だったが、
利用者が予想より少ないため「青電」に変わった。210形固定編成が主で、200形の使
用は珍しい。◎八千代台　1976年（昭和51）年３月

500形

クハ500形クハ505。原型に近いクハ500が先頭の京成成田行き。非対称のドア配置がよくわかる。前面上部の運行札は差し込み方式である。◎京成八幡～鬼越　1953（昭和28）年4月

クハ500形クハ508。乗務員扉取り付け以前の原型に近い姿。ただ「おでこ」に付いていた前照灯は、戦時中の防空用前面カバー取り付けに支障することから、屋根上の高い位置に移設されている。◎津田沼車庫　1954（昭和29）年3月

モハ500形モハ518。クハ500形は電装されてモハとなった。今はマンションと民家が密集している東中山駅の周囲には、まだ
人家が見当たらない。◎東中山　1958（昭和33）年2月16日

モハ200形。200形は更新工事で全金属製の700形似の新しい京成スタイルとなった、2両目は100形の一部と同スタイルの更新を受けたクハ2000形である。◎実籾～八千代台
1969（昭和44）年1月

モハ500形。モハ512,507,511の行商専用列車。特異な63形タイプの戦災復興車は、他の車両レベルが向上してきたことにより一般営業を離脱して行商専用車となった。専用列車は2013（平成25）年まで運転され、その後は急行の1両が指定車両となった。
◎実籾～八千代台
1969（昭和44）年1月

モハ500形モハ519。地平時代の京成船橋駅に停車中の更新後の500形使用の京成佐倉行き急行列車。
◎京成船橋　1976（昭和51）年8月

モハ500形。500形が代用された行商電車が、宗吾参道駅を通過中。移転・改築前の宗吾参道駅は、宗吾霊堂に近い緑に囲まれた静かな佇まいの駅だった。◎宗吾参道　1974（昭和49）年4月

モハ500形モハ514。性能アップした500形は、「青電」の最終期まで活躍したが、1980（昭和55）年3月のラストランで廃車された。残った「青電」は高性能化改造されたモハ210・クハ2100形のみとなった。◎荒川～四ツ木　1980（昭和55）年3月

1100形

モハ1100形モハ1106　乗務員ドア未取り付けの原型車体だが、スマートな埋め込み前照灯は失われ、戦時中の防空用カバーを前に取り付けのため、異常に高い位置に前照灯が付けられている。◎津田沼車庫　1954（昭和29）年３月

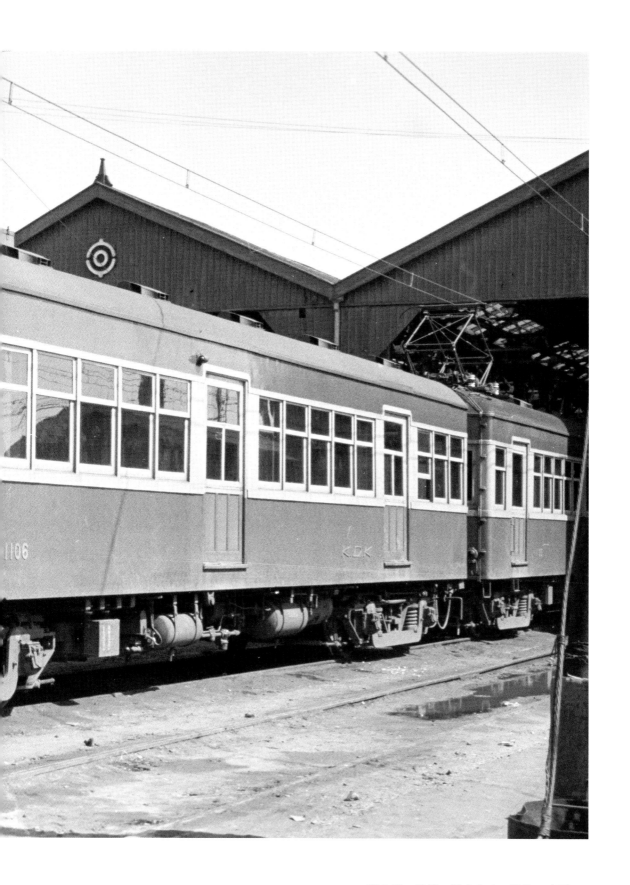

1500形クハ1502急行「護摩電」。1500形は1949(昭和24)年にクロスシートを復活し、不定期急行主体に使用された。急行色の上半の塗り分けが、当初は幕板部までグレーだった。
◎京成津田沼　1951(昭和26)年1月

ほぼ原型の1100形2両編成で、乗務員ドアの無い非対称レイアウト、埋め込み前照灯、貫通路上の通風器などが特徴だ。
◎菅野～京成八幡　1953(昭和28)年4月

1500形

1500形モハ1503急行「汐風号」。子どもたちの歓声を乗せて海水浴場に向かう不定期急行電車。妻面の窓を開けた車内には、非冷房でも涼風が吹き抜けていた。臨時駅から追い抜き駅に改造中の現在の東中山駅を通過中。
◎中山競馬場　1953（昭和28）年8月（左右とも）

1500形モハ1501特急「開運号」。現
在この位置には両側に住宅が連な
り、踏切の先には幹線道路がアン
ダークロスで建設されている。
◎京成八幡～鬼越
1953（昭和28）年4月

1500形クハ1502。菅野駅を通過した特急「開運号」。今では線路の左右の緑はほとんど失われ、住宅が連なっている。
◎菅野～京成八幡
1953（昭和28）年5月26日

1500形モハ1503。火災事故から復旧した1500形は、塗色を1600形と同色に改め、不定期特急に使用された。中間クハ2両は
切妻車体・対称形レイアウトの2扉車となった。菅野駅を通過した特急「印旛号」。
◎菅野〜京成八幡　1953（昭和28）年7月

1500形モハ1503。下り準急運用の1500形が旧菅野駅に進入する。◎菅野　1967（昭和42）年6月

1500形モハ1502。格下げ改造後の1500形準急が菅野駅を通過中。現在は島式1面ホーム。橋上駅化されたた駅の地下を、外郭環状道路が直交しており、駅と周辺の景観は一変しつつある。◎菅野　1967（昭和42）年6月

モハ1500形モハ1502。1500形4両は1955（昭和30）年に火災でクハ2両を全焼し、ノーシル・ノーヘッダ対象ドア配置の切妻車体を新製し、編成両端のモハとは異なる形態となった。塗色も変更し、1600形の補助として走る不定期特急「印旛号」。
◎鬼越〜京成中山　1953（昭和28）年8月9日

モハ1500形モハ1503。急行護摩電運用に就く1500形は1941（昭和16）年にクハ1500形セミクロスシート車で登場したが、戦時中にロングシート化された。戦後1501,1503をモハ化しクロスシートを復活整備の上、急行色で初代「開運号」や不定期急行に使用した。◎菅野〜京成八幡　1955（昭和30）年1月9日

モハ1500形モハ1502。1500形は1967（昭和42）年に3扉ロングシート化され、両端のモハもドア位置を一般的なものにした車体を新製。当時は急行「水郷号」に運用中で、地上時代の青砥駅を発車して行く。◎青砥〜京成高砂　1967（昭和42）年10月8日

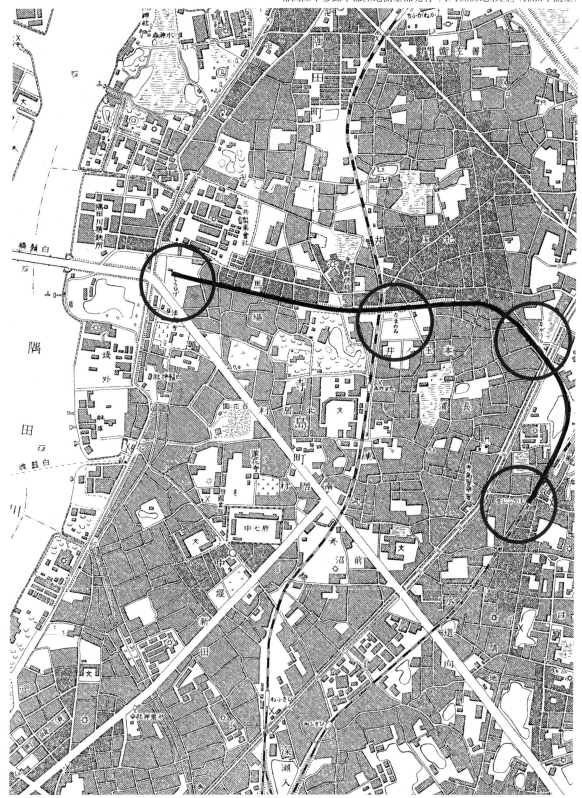

【僅か8年間だけの白鬚線】京成押上線の向島駅から北方向に分岐して白鬚駅に向かう京成白鬚線が存在した。1928（昭和3）年から1936（昭和11）年までの短期間で、路線の距離は僅か1.4キロと短いものの、途中に長浦と京成玉ノ井の2駅が置かれていた。終点の玉ノ井駅は隅田川に架かる白鬚橋（関東大震災の復興事業として架橋）の東詰付近にあった。京成電鉄ではこの先、隅田川対岸近くの三ノ輪（現・三ノ輪橋）まで路線を伸ばしていた王子電気軌道（現・都電荒川線）と接続させる計画であったといわれる。しかし、白鬚線自体の利用客が伸び悩んだことから、開業から8年ほどで廃止となった。

第3章
新時代のスタート

モハ700形モハ702。下りの急行仕業に就くモハ702。京成津田沼以遠の駅の中間には、まだ緑が多く残っていた。
◎実籾～八千代台　1973（昭和48）年2月25日

3-01 画期的な新造車クハ2100形 2101〜2106, 2107〜2111

　1952年・1953年に製造され、一次車の偶数車が汽車東京、それ以外は帝國車輛製の半鋼製車、車長16,300、車幅2,700㍉、ノーシル・ノーヘッダの張り上げ屋根、ウイングばね台車、全室式片運転台、関東初の前後貫通路に幌付き、角形グローブの室内灯など、従来のイメージを一新し、以後の京成スタイルの基礎となった。モハ化を予想してパンタ台があった。1956年に2110、2111がモハ706、703と4連運用となり、1970（昭和45）年特修で運転室

撤去。1974年廃車され新京成に移ったが、2111のみが2201とともに使用された。その他の2100形は1962（昭和37）年から全金化、蛍光灯化が行われた。1967年からはモハ210形の高性能・固定編成化の相手となり貫通路拡幅、密着自連化、MG取付け、空制変更などが行われた。1970年からシールドビーム2灯化、前面幌撤去、1973（昭和48）年にはKS-110に台車交換が行われ、1988（昭和63）年まで運用された。

3-02 特急専用車の登場・1600形「開運号」

　モハ1601＋クハ1602　1953（昭和28）年5月に汽車会社東京支店で製造された豪華ロマンスカーで、私鉄初の簡易リクライニングシート、出入り口は非対称の1扉、蛍光灯照明で天井と網棚下の3列配置、観音開きの貫通路などがユニークだった。主電動機は600形と同じ110㌔のTDK-553、KS-104A台車を装備した。翌年には運転室後部櫛桁部にテレビを設置した。この時代には定期列車の運転時間にテレビ放映はなく、夜間にプロレスを楽しむ「納涼テレビ列車」なども運転された。運転開始時は所要時間

75分、特急料金50円だったが、1965（昭和40）年には60分までスピードアップされている。1957（昭和32）年3両化でモハ1603を増備、当初のM・T・Mの計画を変更し、クハ1602にパンタを搭載し、1603はパンタなしの全金製中間電動車でショーウィンド、売店付きとなった。その後3000系セミクロス車の登場や、陳腐化もあって1967（昭和42）年11月13日で運用を廃止。アルミ車体の3扉通勤型に改造されることになった。

3-03 「護摩電」をはじめ多数の 不定期急行の運転

　京成では戦前の1940（昭和15）年から1943年まで上野、押上の両駅から、特急「護摩電」を運転していたが戦争で中止された。戦後は線路状態が悪化し所要時間が伸びたこともあって、1949（昭和24）年から成田山の参詣月（正・5・9月）の不定期急行が「護摩電」として再開され、一般車両で運転され所要時分97分で1日5往復の運転だった。まなお、「開運号」専用車1600形の登場で、1500形は第2特急「印旛号」などに使用された。またこの他の不定期急行

として一般車を使用して、成田からバス連絡の神崎・佐原への夜行「つり電」、「観梅号」「迎春号」「迎運号」、埋め立て前の千葉線沿線の海水浴場向けには、1951（昭和26）年から急行「汐風号」、1955（昭和30）年から「金波号」「銀波号」「谷津号」、1968（昭和43）年にはバス連絡で九十九里を目指す「九十九里号」「くろしお号」「いそかぜ号」などが多数運転されていた。

3-04 新しい京成スタイルの確立

モハ700・クハ2200形　701~703・2201、2202、2204

1954（昭和29）年4月に汽車東京・帝車で製造、2100を改良したスタイルで半鋼製、内装は木製ニス仕上げ、蛍光灯採用、正面窓Hゴム支持、密着式自連を採用。700形のスタイルは、その後の在来車の更新工事に取り入れられ、新しい京成スタイルの基礎となった。クハ2204はM化されてモハ706となり、MTM3連2本となった。1956年にはクハ2100形2110，2111を増備して組み込んだ4連2本に組み替えられた。

軽量化・高性能化試作車　モハ704＋クハ2203

同時期に誕生した試作編成で、高抗張力鋼使用の全金属製軽量車体。客室窓が850ミリ、間柱が300ミリとなり、客用ドア位置が車端寄りになった。当初は釣掛け駆動だったが、TDカルダンの汽車KS-110Xに代え初のカルダン駆動試作車となり、次の750形誕生の試験車となった。他の釣掛け車とは連結できず2両で運用されたが、1968（昭和43）年に特急「開運」の任を解かれた1600形のうち、1601・1602の2両が帝国車両でアルミ車体の一般車に更新され、この2両を挟んだ4連が組成されたが、青電色とアルミ車体、カルダン駆動と吊掛け駆動と試作車同士の不釣り合いな編成だった。1972（昭和47）年から1601を抜いた3両編成で、上野行きの嵩高荷物専用電車として使用され1982（昭和57）年廃車。

3-05 量産高性能車の登場

モハ750・クハ2250形　751~760・2251~2260

1954年に704＋2203をもとに、量産車モハ750・クハ2250形が製造された。一般的な台枠の普通鋼車体の全金車で、東洋電機のTDカルダン、三菱電機のWNドライブの2種を採用。クハの前面は中間に入る前提で、フラットな切妻でヘッドライトは妻面半埋め込みとなった。モハはすべて帝車製、クハは日車、汽車、帝車で製造、台車はFS-306 ,KS-110 , KS-113 , FS-25 。

当初は3両編成だったが、2次にわたりクハを増備して、Mc・Tc・Tc・Mcの4連5本となり急行用に活躍した。M車に機器を集中搭載したため、冷房改造ができなかったこともあり、更新工事を受けることなく1973（昭和48）年に全車が廃車された。

通勤列車の4両編成化は1963（昭和38）年の3150形4両固定編成から、1967（昭和42）年6両化、1989（平成元）年8両化された。

戦後の不定期急行は2両・3両・4両だった。

2000形

クハ2000形クハ2005。国電の戦災車の払い下げを受けて復旧したクハ2000形は、車両限界が狭いことから導入に際し、台枠をレール方向に切断して車体幅を縮小した、このため極端に狭い貫通路の扉が生じた。2005の前身はクハ65097で、台車はTR-11 を履いている。◎葛飾～海神　1958（昭和33）年9月14日

クハ2000形クハ2016。2000形は国電の戦災復旧車で、前身によってその形態は様々だった。元モハ31021だったこの車両は、31系の面影をよく残していた。◎京成津田沼　1954（昭和29）年3月

クハ2000形2003。戦災復旧車2000形は京成時代に、2017・2018の2両を除いて更新工事が施工された。形態は100形の後期更新車と同様の、ルーバー型通風器付き屋根が特徴だった。2008を除く全車が新京成に移籍し、再整備で運転台撤去など固定編成化が行われた。◎宗吾車庫　1977（昭和52）年7月

クハ2000形2017。戦災復旧車クハ2000形の最後の2両である2017・2018は旧省線電車の台枠を使用し、大榮車輌で半鋼製車体を新製したことから、他の2000形と異なり新京成電鉄にも未更新のまま譲渡された。台車は種車のTR-11をはいていた。新京成で更新の際運転台を撤去しサハ1111・1112となった。
◎京成八幡〜鬼越　1953（昭和28）年4月

クハ2000形クハ2008。クハ2008は国鉄クハ65062の戦災復旧車で、1961（昭和36）年に行われた更新により全金属車体、通風器を側面上部に埋め込み雨樋2本のスタイルとなった。その後、前照灯2灯化、雨樋1本化、前幌撤去等が行われ、さらに1967（昭和42）年、モハ210・クハ2100形の高性能固定編成化に際し、クハ1両が不足することから本車が起用され台車もFS-28に交換された。◎京成八幡〜鬼越　1980（昭和55）年4月12日

クハ2000形クハ2008。京成の2000形は戦災国電の復旧車で、戦後すぐの登場のため内・外装ともに低レベルだった。更新でモハ100形の中期更新車と同様のスタイルとなった。モハ210形・クハ2100形の高性能化・固定編成化に際して、クハが1両不足したためクハ2008が起用された。後日ファイヤオレンジ塗装となった。◎八千代台〜実籾　1971（昭和46）年8月

600形

モハ600形モハ610。海水浴不定期急行「潮風号」として走る京成千葉行きも3両編成だった。
◎菅野〜京成八幡　1953（昭和28）年7月10日

600形（更新車）

モハ600形モハ610。地上時代の青砥駅には、京成高砂方に引き上げ線があった。青砥止まりの列車が折り返しのため引き上げ線に向かっている。車両は更新後の600形。◎青砥　1963（昭和38）年11月17日

600形モハ607。モハ600形は1948（昭和23）年に10両が製造された私鉄規格型車両で、ドア配置は標準の対称形。登場時はブルー・ダークグレーの急行色だった。その後の更新工事で700形に似た京成スタイルとなった。
◎実籾〜八千代台　1970（昭和45）年 8 月

2100形

クハ2100形クハ2101。1952・1953（昭和27・28）年に11両が製造された2100形は、従来の京成スタイルから一変したスマートな車両だった。600形と組んで、国鉄総武本線と並走する直線区間を走る千葉線の列車。
◎京成津田沼〜京成幕張　1953（昭和28）年 3 月26日

クハ2100形クハ2106。登場間もない2100形が鬼越駅に向かう。今では線路両側の林は消え民家が連なる。
◎京成八幡～鬼越　1953（昭和28）年4月

クハ2100形クハ2103。本形式から採用された「青電色」の2100形と、「急行色」のモハ600形との2両編成の京成千葉行きが松林の中の線路を行く。道路には柵も無い、のどかな時代だった。
◎菅野～京成八幡　1953（昭和28）年

クハ2100形クハ2108。最新デザインの2100形が、最古参の100形と3両編成を組む上り準急列車。
◎海神～葛飾　1958（昭和33）年9月14日

クハ2100形2103。地平時代の京成船橋駅に停車中の急行京成佐倉行きクハ2103。手前の上りホームからは朝のラッシュ時に、多数の乗り換え客が、この踏切を渡って国鉄船橋駅に向かっていた。◎1976（昭和51）年7月

クハ2100形クハ2108。京成船橋駅を発車した京成佐倉行きの急行列車。現在この位置は大神宮駅の先まで高架され、線路の
下となった。◎京成船橋〜大神宮下　1976年（昭和51）年7月

クハ2100形クハ2109。桜が満開の葛飾八幡宮前を走る高性能「青電」。撮影者の立つ位置に1944（昭和19）年まで以前の京成
八幡駅があり、列車の数百メートル後方の現在の京成八幡駅（新八幡駅から改称）とは至近距離だった。
◎京成八幡〜鬼越　1980（昭和55）年4月12日

クハ2100形クハ2107。クハ2100形は
1952（昭和27）年に、従来の京成タイプ
から抜け出た洗練された車体で登場し
た。「青電色」も本形式から採用され、
その後の新しい京成スタイルのルーツ
となった。ウイングばね台車を履き、
前面の幌も関東では珍しく、内装も桜
材の合板、角形のグローブ照明などデ
ラックス仕様だった。
◎実籾～八千代台
1971（昭和46）年1月

クハ2100形クハ2106。クハ2100形は前照灯2灯化、幌の撤去で登場時から大きく変貌した。
◎菅野～京成八幡　1987（昭和62）年

クハ2100形クハ2107。固定編成・高性能化された210・2100形編成は、ファイアオレンジ色塗装となって最後の活躍をした。
◎菅野～京成八幡　1987（昭和62）年

クハ2100形クハ2101。最後の「青電」となった記念列車が、改修前の日暮里駅に進入する。日暮里駅は1面2線で混雑のため改良が迫られていた。隣接する古レールを使った上屋の国鉄常磐線ホームの先には、上野に向かう常磐線の中距離電車が見える。◎日暮里　1988（昭和63）年3月31日

クハ2100形クハ2101,2100、210形の引退に際して、1編成を「青電」色に復元して運転した。
◎京成八幡　1988（昭和63）年 3 月31日

1600形

モハ1600形モハ1601・クハ1602。二代目「開運号」は、1952（昭和27）年に1500形を再整備して運転開始した初代「開運号」が好評のため、翌1953（昭和28）年にリクライニングシート装備のデラックス車を新造し、6月から運転を開始した。
◎菅野〜京成八幡　1953（昭和28）年11月

モハ1600形モハ1601,モハ1603,クハ1602。「開運号」は好評で、当初は2両編成だったが、1958（昭和33）年に中間モハ1603を増備した。パンタグラフはクハ1602に搭載して編成美を整えた。中川橋梁を渡る「開運号」。
◎青砥～京成高砂　1967（昭和42）年8月

1600形クハ1602。「開運号」用に使用される新登場のデラックス特急1600形の試運転列車。リクライニングシートを装備、のちにテレビを搭載した。◎菅野～京成八幡　1953（昭和28）年5月

1600形クハ1602・モハ1601。運転開始間もない上りの特急「開運号」が京成上野に向かう。当初は2両編成だったが、好評のため中間電動車を増備し3連化された。住宅が密集するこの付近も、まだ畑が残っていた。
◎京成八幡～菅野　1953（昭和28）年5月

モハ1600形モハ1601,クハ1602。江戸川橋梁に向かって築堤の勾配を登る2連時代の「開運号」。平屋建ての多い街並みが懐かしい。◎京成小岩〜江戸川　1955（昭和30）年1月2日

1600形モハ1602。「開運号」の座を降りた1600,1602は、帝國車輌のアルミ車の試作車となり、モハとクハを入れ替えて中間車に改造された。写真は行商専用車となった後で、窓の内側にガラス保護棒が見える。
◎宗吾基地　1977年（昭和52）年7月25日

700形・1600形（更新車）

モハ700形,1600形。試作車同士で組成された4両編成の京成大和田行き列車。緑の林を抜けてカーブの先は八千代台駅だ。
◎実籾～八千代台　1970（昭和45）年8月

クハ1600形1603。特急「開運号」の座を降りた1600形の2両は、アルミ車体試作車となったが、残る1両はクハ2200形似の全金属3扉通勤型となった。大榮車輌1968（昭和43）年改造のスマートな車体は、1952（昭和27）年の車体新製車クハ2017・2018との間の技術向上の成果が見て取れる。終生500形の中間車として使用され、先頭に出ることのない不運な車両だった。◎青砥　1976（昭和51）年10月

700形704。高性能試作車として登場した704・2203編成は、アルミ車体試作車のクハ1601・モハ1602を挟んで使用されていたが、小世帯の故か最後は行商専用の500形の後継車として3連化、2連化されて使用された。
◎実籾～八千代台　1975（昭和50）年1月

モハ700形モハ704。関連会社「京成開発」の団体臨時列車「開発号」に使用中のモハ704＋クハ2203の編成。当時の最新車両として起用されたもの。
◎菅野〜京成八幡　1954（昭和29）年５月

モハ700形 704,クハ2200形2203。モハ700形の１編成に軽量構造と高性能化試作車が製造された。車体に高抗張力鋼を使用し張殻構造を採用、ドア・窓の配置が他の700形と大きく変更された。登場後にTDカルダン装備のKS-110Xに換装され高性能車となった。
◎東中山　1954（昭和29）年８月19日

モハ700形・1600形。「開運号」に使用された1600形のうち2両は、3190,3290形と交代して特急仕業から降板後に帝國車輛の
アルミ試作車となり、モハ・クハ入れ替えをして中間車となった。試作車704,2203と4両編成を組んで運用された。
◎八千代台〜実籾　1970（昭和45）年8月

モハ704＋クハ2203。高性能車として期待を負って登場した試作編成だが、中間の1600形が相次いで廃車されたことで、再び登場時の２両編成に戻り行商電車で余生を過ごした。◎国府台〜市川真間　1982（昭和57）年２月

2200形

クハ2200形クハ2203。行商客の高齢化や消費構造の変化で、利用客の減少から再び当初の２連に戻った試作編成。行商電車の回送列車。◎市川真間〜菅野　1982（昭和57）年１月

106～107ページ下の車両を、反対側
の2200形側から撮影した。
◎東中山　1954（昭和29）年8月19日

クハ2200形クハ2201。クハ2100形は同系のモハが無かったが、1954(昭和29)年に登場のモハ700,クハ2200形は初めて編成美が実現した。写真の列車は千葉線の海水浴場目指す急行「汐風号」。この時代、谷津、幕張、稲毛付近は絶好の海水浴場だった。
◎菅野～京成八幡
1954(昭和29)年8月17日

750形

モハ750形モハ751。複線時代の中川旧橋梁を渡る750＋2250形の京成上野行き普通列車。
◎京成高砂〜青砥　1967（昭和42）年1月6日

モハ750形モハ760。急行仕業につく750形のラストナンバー。750形は初の高性能車で1M方式のため、冷房化改造や新京成への移籍もなく、1973（昭和48）年までにすべて廃車された。◎実籾〜八千代台　1973（昭和48）年1月

モハ750形モハ752。最後の「青電」となった
新鋭750形は、優等列車から活躍を開始した。
◎海神〜葛飾　1958（昭和33）年2月16日

モハ750形モハ757。軽量化試作車モハ704,クハ2203を経て量産化された1M方式の軽量・高性能車両で、モハ750,クハ2250を
背中合わせの4連に組んで使用された。◎津田沼工場　1972（昭和47）年6月25日

モハ750形モハ756。750形・2250形は発電ブレーキ付き多段制御器を装備し、主電動機、台車、駆動方式は2種が製造された。汽車KS台車・TDカルダン・東洋電機主電動機と、住友FS台車・WN駆動・三菱電機主電動機で、この方式は3000系（赤電）全車に及んだ。◎実籾〜八千代台　1969（昭和44）年1月

モハ750形モハ751先頭の急行「護摩電」。この列車は成田山の護摩法要の時間に合わせて運転された。750形・2250形の車体は普通鋼製だが、レイアウトはモハ704と同様にドア位置が車端寄りで、中間となるクハの前面は切妻だった。
◎菅野〜京成八幡　1955年（昭和30）年1月9日

クハ2250形2257。750形とペアを組むクハだが、中間使用が前提で前面が切妻・埋め込み前照灯となった。当初は3両編成の予定だったが、4両編成に変更されMc・Tc＋Tc・Mc　5本を組んで使用された。◎津田沼車庫　1972（昭和47）年8月6日

事業車

デ1形デキ1。京成に2両在籍した東芝製の電機で、見込み生産製品を戦後の車両不足時代に改軌して購入した。クハ2両を中間に連結して日暮里までの準急として運転されたが、低速のためダイヤの足枷となり短期に終わった。地下鉄乗り入れに向けた改軌工事に活躍したが、その後は除雪用以外に用途が無く1974（昭和49）年に廃車された。
上：宗吾基地　1974（昭和49）年
下：高砂車庫　1972（昭和47）年4月29日

モニ5形モニ5。モニ6形と共に両在籍した木造の無蓋貨車で、バラスト輸送
などに使用された。1500メートルの直接制御車だった。
◎高砂車庫　1972（昭和47）年4月29日（3枚とも）

モニ6形モニ6。京成の路線は市川市内で国鉄総武本線とほぼ並行しているが、総武本線が低地を走るのに対し、京成は市川真間駅付近から鬼越駅にかけて、「市川砂州」の最高部分を走り線路脇には、市川市の木である「クロマツ」が群生していた。◎菅野〜京成八幡　1953年（昭和28）年

京成高砂を発車する保線工事などで活躍するモニ6。◎京成高砂　1966（昭和41）年3月

モニ6の台車。◎京成高砂　1966（昭和41）年3月

モニ 6 は1972（昭和47）に廃車された。◎京成高砂　1966（昭和41）年 3 月

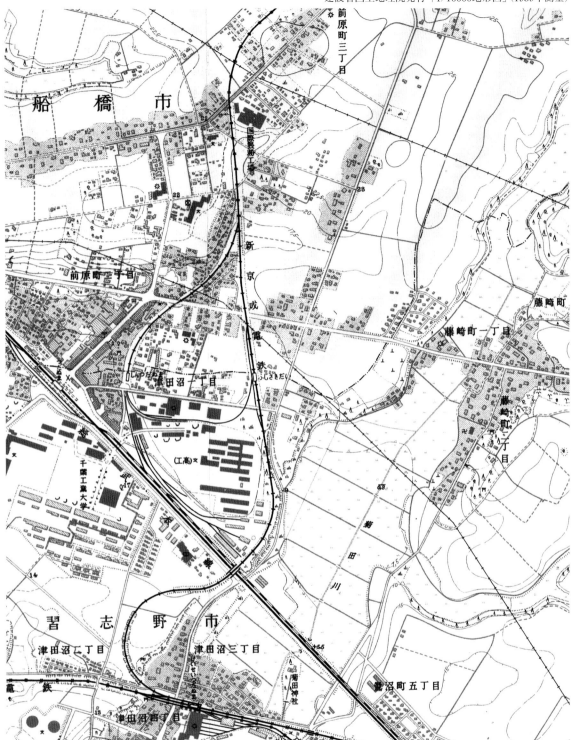

建設省国土地理院発行「1/10000地形図」（1959年測量）

【新津田沼駅付近の新京成電鉄】 太平洋戦争戦敗の翌々年、1947（昭和22）年12月に新京成電鉄の新津田沼（初代）〜薬園台間が部分開業した。地図外ではあるが、松戸方向に向かって蛇行を繰り返しながら進む路線の形状は、戦時中の軍用鉄道（鉄道第二連隊）の演習線を転用した鉄道であることを物語っている。新京成線の開業にあたり、始発駅は国鉄津田沼駅北口から約200メートルのところに新津田沼駅（初代）が設けられた。1953（昭和28）年11月には、大きくカーブしていた区間の一部をショートカットして京成津田沼駅に直結させ、そのカーブ区間の途中にあった新津田沼駅を直線区間に移転させて二代目の新津田沼駅とした。この二代目駅は国鉄津田沼駅から500メートルも離れてしまったため、急増する通勤客に不評であり、1961（昭和36）年に、かつてのカーブ区間を復活させて初代の駅があった位置に新津田沼駅を再移転して（三代目）、二代目の新津田沼駅は藤崎台駅に改称した。その結果、新京成電鉄は新津田沼行きと京成津田沼行きの2線が前原駅で分岐することとなった。さらに1968（昭和43）年にはショートカット区間を廃し、現在の新津田沼駅の場所に再々移転している（四代目）。

130

第4章
新京成電鉄の
設立と開業

モハ126形モハ129。モハ126形は新京成電鉄への入線後に更新工事が施工された。窓・ドア配置は対称形の片運転台車となった。大榮車輌の技術も向上し、張り上げ屋根のスマートな車体となった。隣に同タイプで更新された モハ300形305が並んでいる。◎五香車庫　1973（昭和48）年4月30日

4-01 創業から開通まで

京成グループの鉄道事業者として戦後に設立され、大きく発展した新京成電鉄は、1947(昭和22)年に設立された。カーブの多いその路線のルーツは、旧陸軍の鉄道第2連隊の演習線の跡地が主体である。鉄道連隊は1896(明治29)年に設立され、1918(大正7)年に千葉の第1連隊、津田沼の第2連隊に増強された。この鉄道連隊の演習線は千葉から津田沼を経て松戸に至る45キロであり、そのうちの津田沼～松戸間が新京成の母体となった。

軌間600ミリの軽便線で、千葉～津田沼～松戸の直線距離は約27kmだが、連隊の演習線として規定された距離を稼ぐためにカーブを多用した。600ミリのほか鉄道省の1067ミリ、中国大陸の1435ミリの演習用にも一部に用地があり、後年新京成の複線化に利用された。全線開通は1932(昭和7)年頃と言われるが、1945年の敗戦により軍は解体されて、演習線は放置され荒れ果てていた。当時はレールの生産も再開されない時代で、鉄道各社はその確保に苦労していたことから、旧鉄道聯隊の資材は貴重な存在だった。

これに目を付けた西武鉄道(当時は西武農業鉄道)が資材の払い下げを陳情していた。また京成電鉄も旧演習線を利用した新線(仮称・下総電鉄㈱)を計画していた。占領下にあった当時、この用地や資材はGHQ(連合軍総司令部)が管理しており、両社は熾烈な陳情合戦の末に西武はレールなどの鉄道資材の払い下げを受け、京成が用地の恒久的使用と鉄道敷設・運輸営業の免許を取得した。

下総電鉄㈱は1946(昭和21)年10月18日の創立総会で正式社名を「新京成電鉄㈱」と定めた。1947年2月に起工式を行い新津田沼～薬園台間2.5キロの建設に着工した。軌間は1067ミリで、当時は1067ミリか1435ミリ以外は認可されず、京成の軌間1372ミリと異なったが、建設にあたって国鉄との貨車直通に有利な1067ミリが採用された。

当時の沿線「北総台地」は、農耕に不向きな土地で千年以上の昔から馬の放牧地として利用され、明治以降は失業武士を入植させ食糧増産のため開墾が進められてきたが、水や電気の無い痩せた土地で、戦後の再開された入植者も悲惨な生活が続けられていた。

新京成の「三咲」「五香」などの数字を含む駅名は、これら開拓地に付けられた地名の番号数字に由来している。一方、習志野原は明治以後は陸軍の演習場となり、多数の軍用施設が急速に展開された。鉄道聯隊もその一つだが、敗戦とともにその多くが教育施設や住宅、病院等に転用された。

4-02 わずか1駅の単線で開業

1947(昭和22)年12月27日に「新京成電鉄」が開業した。戦後初の新設鉄道だが、単線で電力は京成電鉄からの供給に仰ぎ、車両も京成から借り入れた4両の木造車のうち12月21日までに1067ミリに改造を終わったモハ41との2両のうち1両が使用される状態という状態であった。一般的に鉄道新線は人口の多い集落を結んで建設されるが、沿線が放牧地や演習場だった同社では、開業時には人口希薄で津田沼町(現・習志野市)から松戸市までの沿線人口は、1万4千戸余り、6万8千人余に過ぎなかった。乗客は野菜を売りに行く行商人と、食料不足の時代で都内からの買い出し客が主だった。

1953(昭和28)年10月、京成津田沼駅との連絡線建設のため、1372ミリに改軌を行い京成線への乗り入れが完成した。京成は国鉄津田沼駅付近の国有地を借り受け、第2工場を設置した。連絡線は工場の入出場線としても使用された。1959年京成電鉄は都営地下鉄への乗り入れを行うにあたって、軌間を1372ミリから標準軌1435ミリに改軌することとなったが、新京成もこれに伴い2度目の改軌を迫られた。8月8日から18日にかけて改軌工事が行われたが、この工事は10月～12月に実施された京成の全線改軌工事の良い練習台になった。

4-03 苦難に満ちた延長工事

松戸に向けての延長工事には資材・資金両面で多大な苦労があった。レールの確保には、関東一円の旧軍隊用地への引き込み線の資材の払い下げを申請したが思うようには行かなかった。資金不足も著しく、鎌ヶ谷〜松戸間は1951 (昭和26) 年5月31日に工事施工認可が下りて着工したものの資金不足で工事が中断、三菱電機による立て替え工事で再開し、鎌ヶ谷大仏から初富と延伸を続け、1955 (昭和30) 年4月に松戸に達した。

建設には小湊鉄道から借り入れたボールドウィン2号機が活躍し、資材は東武野田線の鎌ヶ谷駅から仮連絡線を引き搬入した。松戸までは全線26.2キロの単線で、最初の開業から8年6か月を要した。この時に京成からモハ300形8両が移籍し、12両の車両で主に単行運転された。また、松戸市と協力して土地区画整理事業に積極的に参加し、土地分譲を行い、バス事業も行って沿線人口の増加策を展開した。

1960年代に松戸・新津田沼の双方から複線化工事が進められた。

4-04 転機となった大規模団地の建設。

新京成沿線は1960年代から日本住宅公団による大規模団地の建設が進み、常盤平、高根台など5000戸に迫る大団地からの乗客で、輸送量は爆発的に拡大した。混雑率も急伸し、1961年には301パーセントに達した。このため車両の増備に追われ、京成から旧型車の移籍が続いた。

1959 (昭和34) 年から1962 (昭和37) 年にかけて、まず126・20形・モハ1100形のGE型電装車が転入、1962年からモハ100形25両とクハ500形8両が入線した。モハ100形は京成時代に非対称車体に変更されて更新を完了していたが、更新の年度により形態は様々だった。団地の建設に合わせて新駅も高根公団、北習志野が開業した。複線化は1961 (昭和36) 年に松戸〜八柱間から開始、その後、新津田沼方からも並行して開始され、1975 (昭和50) 年2月7日のくぬぎ山〜鎌ヶ谷大仏間の完成で、新津田沼〜京成津田沼間を除いて全線複線化が完成し、発展期に向けた基礎が確立された。

ここで年間輸送人員を見ると1954 (昭和29) 年の129万人が、翌1955年に346万人 (2.7倍)、1964 (昭和39) 年には3,113万人 (24倍) と飛躍的に拡大した。新京成の京成旧形車の導入は、親会社の京成電鉄車両の近代化と、高性能車導入の促進に大きく寄与したと言えよう。

初代の新津田沼駅に停車中のモハ45形47。新京成電鉄は開業時、京成から譲渡された木造車41,48の2両を1067mm軌間に改軌して使用、その後45,47が入線した。手動ドアの木造電車が単行で走った姿は、今では想像もつかない。
◎新津田沼
1953 (昭和28) 年5月3日

Ｋ２形140。旧鉄道連隊の蒸気機関車で、762mmから1067mmに改軌して、小湊鐵道から借り入れた２号機とともに新京成電鉄の建設工事に活躍した。◎新津田沼　1953（昭和28）年５月３日

100式鉄道牽引車。旧鉄道連隊の生き残り車両で保線作業に使用された軌陸車である。
◎新津田沼　1953年（昭和28）年11月８日

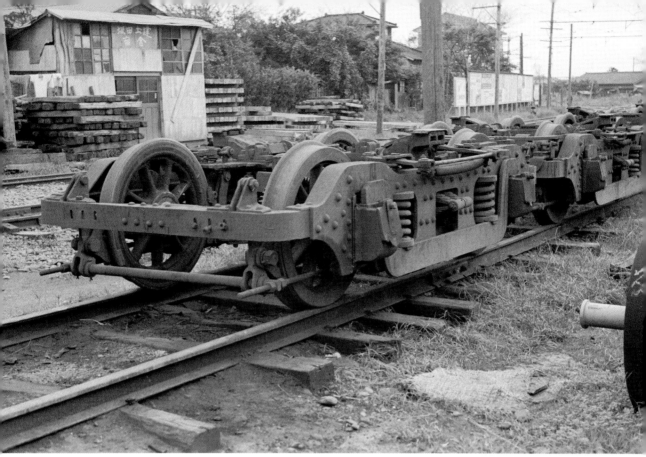

45形が使用していた台車である。◎新津田沼　1953年（昭和28）年11月

小湊鐵道ボールドウィン製1、2号機　写真左側が新京成に貸し出され2号機で、1924（大正13）年製の1C1形。1号機・旧鉄道省払い下げのB10形とともに五井機関区に保存され、千葉県の県宝となっている。◎五井　1973（昭和48）年1月

39形、45形

モハ39形モハ41。従来の1067mm軌間を1372mmに変更し、新津田沼駅を移転し前原付近からの新ルート経由で国鉄総武本線を越え、京成線との連絡線が完成した。これにより京成津田沼駅に乗り入れを開始した。この連絡線は新津田沼にあった京成第2工場への入・出場にも使用された。◎新津田沼〜京成津田沼　1953（昭和28）年5月3日

モハ45形モハ47。開通した京成線との連絡線は、急カーブで両線を結んだ。線路の周囲には民家がほとんど無かった。
◎京成津田沼〜新津田沼
1953年（昭和28）11月15日

モハ45形モハ47。モハ45形は半鋼製のモハ100型の後の1927（昭和2）年に製造されたシングルルーフの木造車で、千葉線の
ローカル用に雨宮製作所で製造された。ダブルルーフの39形にあった明かり窓が無くなった。両形式とも手動ドアだった。
◎新津田沼　1953（昭和28）年5月3日

モハ45形モハ45。習志野付近は開通時には林の間に畑が点在し、民家は街道沿いと林の中に点在するだけだった。単行で走る電車の乗客も極めて少なく、松戸まで全通の1955（昭和30）年の年間輸送人員はわずか346万人だった。これが10年後には3,437万人と10倍となり、さらに急増の一途をたどった。◎北初富～くぬぎ山　1958（昭和33）年4月

300形

モハ300形モハ301。開業間もない頃の風景で、300形の単行がのんびり走る。
◎上本郷〜松戸　1958年5月　1958（昭和33）年4月

モハ300形モハ301。開通後しばらくの間は駅間に人家がほとんど見当たらなかった。畑と林の中を走る300形単行列車。
◎北初富〜くぬぎ山　1958年（昭和33）年4月

モハ300形モハ305。丘陵地のこの辺りは、丘を切り開いて単線の線路が敷設された。
◎松戸〜上本郷　1958年（昭和33）年4月

モハ300形モハ306。松戸までの全通時に、京成電鉄のモハ300形は全車両が新京成電鉄に移籍した。まだ少なかった乗客の輸送には最適だった。◎松戸　1960（昭和35）年2月22日

モハ300形305室内。300形は車体長14mの2ドア小型車だったが、200形、500形と同様に京成電鉄独特の非対称ドア配置だった。片隅運転台の横には最前部まで座席がある。◎津田沼車庫　　　1954（昭和29）年3月

300形（更新車）

モハ300形モハ301。木造車39・45形4両の鋼体化改造に続いて、乗客増加で使いづらくなった2扉のモハ300形の更新が行われた。45形と同形だがこちらは全金属製、片運転台の3扉車に生まれ変わった。ヘッドライトは埋め込み式となった。2両固定を2本つないだ4連で使用された。
◎京成津田沼　1973（昭和48）年

モハ300形モハ308。モハ300形は京成電鉄の木造車モハ33形・39形を、1938（昭和13）年に鋼体化した14m2扉の小型車で、200・500形同様の非対称車体だった。新京成電鉄の松戸全通時に全車両が移籍し、単行で運転された。その後、乗客増加で収容力不足と2扉による混雑のため、3扉の全金属車体に更新された。2両目のモハ307は汽車会社（正式社名は汽車製造株式会社）のアルミカー試作車だったが、塗装されていて区別できなかった。
◎五香　1973（昭和48）年4月30日

モハ20形（復旧車）

駅間には家並もまばらな習志野台地を走るモハ27を先頭とする5両編成の電車。大型団地の建設が続き輸送力増加に追われた時代で、編成は年を追って長くなってゆく。◎三咲　1971（昭和46）年1月

100形（更新車）

モハ100形モハ123。モハ100形は京成時代に更新を受け、前面5枚窓のクラシックスタイルから、モハ200形以来の非対称車体に変わった。当初の半鋼製・シル・ヘッダ・雨樋付から、全金属製・ノーシル・ノーヘッダ・張上げ屋根と、施工時期により次第に洗練されたデザインとなった。2両目には初代「開運号」から格下げされた1500形が見える。
◎京成津田沼　1971（昭和46）年1月

モハ100形モハ122。モハ100形は入線当時には全車両が両運転台だったため、編成の組成に自由度が高かった。その後、長編成化に伴って片運転台化・中間車化が行われ、固定編成化が進められた。◎五香　1973（昭和48）年4月30日

モハ100形モハ110。編成両端の2両は新京成電鉄に譲渡直後で、京成色（青電塗色）のまま使用されていた。
◎初富〜北初富　1970（昭和45）年5月31日

モハ100形モハ106。モハ124と同タイプで、2両目には、クハ2000からサハ化された張り上げ屋根の1100形が見える。
◎五香　1973（昭和48）年4月30日

モハ100形113。モハ113を先頭の8両
編成、新京成電鉄は親会社（京成電鉄）
より先に8両運転を開始していた。片
運転台に改造され、2両目以下の中間
の車両も運転台撤去が行われ、収容力
増加を図り固定編成化、主電動機、ブ
レーキなどの機器改修で輸送力列車の
一員に加わり、25両全車が最後まで活
躍し、1987（昭和62）年8800形と交代し
て引退した。
◎八柱～常盤平
1986（昭和61）年1月7日

地平時代の北初富駅に停車中の126形モハ129、高架化工事によって周辺の風景は一変した。
◎北初富　1978（昭和53）年12月3日

コントローラー（主制御器）上部の丸い部分が、手を離すと飛び上がる構造のデッドマン装置。
◎五香車庫　1973（昭和48）年10月3日

モハ101室内。100形は更新により左右のドア配置が非対称の京成スタイルのレイアウトで、最前部座席の前はアイプ仕切り
となった。◎五香車庫　1973（昭和48）年10月3日

600形（更新車）

モハ600形609。京成津田沼駅で発車を待つ「鎌ヶ谷大仏」行き、京成・新京成の特色の一つであった「めくり式方向板」は
行先別で図形も変わり形だけで行き先が判ったが、行き先の多様化で苦労したようだ。幕式・LCD化された現在では良き想
い出である。◎京成津田沼　1974（昭和49）年7月

モハ600形モハ609。6両編成の先頭に立つ600形。600形は大榮車輌で施工された京成更新車で、最初の張り上げ屋根車となった。拠点駅となったくぬぎ山駅の周辺もまだ民家がほとんど見えない。◎北初富～くぬぎ山　1978（昭和53）年12月3日

モハ600形610。新京成電鉄に移籍後の600形が、新津田沼から京成津田沼に向かう。この先は急カーブが続く。
◎新津田沼～京成津田沼　1978（昭和53）年12月3日

500形（更新車）

モハ500形モハ501。前照灯2灯化、前
幌撤去、ドア窓小型化などの固定編成
化改造を受けた。
◎八柱～常盤平
1986（昭和61）年1月7日

モハ500形モハ502。新京成電鉄に移籍
後の姿で、6両編成の先頭に立つ。
◎三咲

220形（更新車）

モハ220形モハ221。前照灯2灯化、前幌の撤去、ドア窓の小型化、行き先表示器の取付けなどの固定編成化工事を受けた後の姿である。◎八柱〜常盤平　1986（昭和61）年1月7日

1100形（特修・更新車）

モハ1100形1101。松戸駅で発車を待つ1100形の２両編成で、京成時代の特別修繕で乗務員ドア設置、貫通ドア上通風器撤去、取り付け式前照灯、貫通幌取り付けなど、梅鉢車両製の特色は失われた。新京成には1961（昭和36）年に移籍して２両編成で使用されていた。◎松戸　1962（昭和37）年１月

モハ1100形モハ1102。1100形は1962（昭和37）年に新京成電鉄に入線、未更新だったため1968（昭和43）年から更新された。制御器の違いにより同型車としか連結できないことから、同型のみで編成された美しい列車。ヘッドライトはまだシールドビーム１灯である。◎五香　1973（昭和48）年４月30日

モハ1100形1104。こちらは更新後の1100形で、600形以降の新しい京成スタイルの車体に生まれ変わった。
◎八柱～常盤平　1986（昭和61）年1月7日

サハ1100形サハ1116。長編成化に伴いモハ508は中間車化改造を受け、サハ1100形となった。
◎八柱～常盤平　1986（昭和61）年2月18日

250形（セミ新車）

モハ250形252。4連2本を組んだ8両編成。ヘッドライトの2灯化など装備改造後の姿。250形は京成のモハ210形の高性能化・固定編成化で発生した台車や電機品を使用し、車体を新造した「セミ新車」と言われた。京成と異なりグローブベンチレンタと小型のドア窓が特徴で、その後他形式にも広く用いられた。◎京成津田沼　1989（平成元）年頃

雪晴れの朝、習志野台地の直線区間を
走る250形4連に100形1両を増結した
5両編成列車。開業時は単行だった新
京成電鉄は8両編成にまで大発展し、
現在は京成千葉線乗り入れ時から6両
編成で運行している。
◎三咲　1971（昭和46）年1月

モハ550形551。モハ250形とともに1970（昭和45）年に製造されたMc-T・T・Mcを組む附随車で、流用した旧型台車が良くわか
る。◎くぬぎ山　1978（昭和53）年12月

京成・新京成　車両一覧表　その1

構造	形式	番号	輌数	製造初年	製造	車体長ミリ	台車	主電動機 KW×4	制御方式	制動方式	改造	特修・更新	廃車・転属	転属	転属後車号	廃車	備考
木造	1号形	1-5	5	1912	雨宮	約14,000	27GE-2	50HP×4	デッカー				1928	-	-	-	
		6（電動貨車）	2	1914	雨宮	8,642		50HP×2			1916年客車に		1928	王子電軌	-	-	単車
		7		1913	雨宮	8,932		25HP×2					1928	-	-	-	←王子電軌7　単車
		8-11	4	1916	雨宮	約14,000	27GE-2	50HP×4	デッカー				1928	-	-	-	8-32改番
		12	2	1917	日車	7,622		25HP×2					1928	-	-	-	←東京市3　単車
		13						25HP×2					1928	-	-	-	←東京市10　単車
		14-19	6	1918	雨宮	10,014	アーチバー	-	-				1928	-	-	-	附随車
	モハ20	20-26・28-31	12	1921	汽車		27MCB-2				前面貫通扉付5枚窓 非貫通3枚窓	1936・41年電装品を クハ126・モハ1100へ →クハ20・22・29 1946年鋼体化※4	1962	新京成 ※5	クハ20	1986	新京1971年更新 →サハ1108
													1962		クハ22	1987	〃→サハ1109
													1962		クハ29	1987	〃→サハ1110
		27										1931年火災 車体新製 汽車 ※2	1963	新京成	モハ27	1981	※3 京成 台車D-16 制御器ES改 新京成 1961年更新 →モハ1105
	33	33-38	6	1921	雨宮	14,319	27MCB-2	67	DK151-K	AMM-C	→鋼改300形	-	1955	新京成	モハ301-308	1978	1966年-1968年 大栄 片運3扉全金化 307汽車 アルミカー
	39	39-41	3	1925	雨宮	14,319	27MCB-2	67	DK151-K	AMM-C	40・43 →鋼改300形			新京成			
													1947		モハ41ダブルルーフ ルーフ 改番→モハ46	1976 45+46、 1977 47+48	1963年大栄 全金固定編成化 45+46・47+48 3個モーター化×2
	45 シングルルーフ	45・47・48	3	1927	雨宮	14,319		67	DK151-K	AMM-C			1947	新京成	モハ45、47、48		
		46	1									車体火災	1947			-	廃台車狭軌改造→ 銚子電鉄デハ201
	モニ5	5・6	2	1925			ST-5	67	PC14-A	SM-3			1972		-	-	
		7	1		雨宮	14,319					1938年行商専用 ←モハ43廃車体		1947	銚子 電鉄	デハ201	-	46廃車体銚子電鉄

京成・新京成 車両一覧表　その2

構造	形式	番号	輛数	製造初年	製造	車体長㎜	台車	主電動機KW×4	制御方式	制動方式	改造	特修・更新	廃車・転出	転属	転属後車号	廃車	備考
半鋼製	モハ100	102・103・105〜108・110〜114・117・119〜122・124・125	18	1926	雨宮	15,972	ST-17	97	ES-511	AMM-C	1953-1963大栄車両	ドア配置非対称車体に更新	1963	新京成	モハ101〜125 片運転台化:107・108・110〜116・119〜121・124・125 中間電動車化:102・103・105・106・109・117・122 特修木施工車:101・104・118・123	1984〜1988	
		115・116	2								1941梅鉢		1967			1988	事故復旧
		104	1								1953大栄		1979			1979	1947年火災 復旧
		101	1								1954大栄		1963			1963	1947年火災 復旧
		109	1								1948帝車新製	1961年車体新製	1964			1987	※1戦災復旧切妻車体
		118・123	2										1962			1979	
鋼製	モハ126	126-135	10	1928	雨宮	16,124	A-1	97	AMJ-C	PR200-H	1936年→電装モハ 126 1941年5両クハ		1960	新京成	モハ126-130		新京成 全金更新
	クハ126	131〜135	5	1928	雨宮	16,124		—	—	ACM-C	—		1960	新京成	クハ132・133		131・134・135戦災
	モハ200	200-209	10	1931	汽車	17,150	3H	112	FS509-A	AMM-C	1967年主電動機 SE198 130馬※6	1965-1966年 片流し・張上げ・全金・運転室床嵩上げ	1976	新京成	モハ200-208	1990	モハ203→サハ2301 モハ204宗吾基地保存
	モハ210	210	1	1932	帝車	17,152	3H	112	FS509-A	AMJ-C	1948帝車	全金→モハ511	1973	—	—	—	戦災復旧 切妻車体→荷物電車
		211-219	9	1932	汽車	17,150	3H	112	FS509-A	AMJ-C	—	1966更新中間電動車化 FS579-A	1987	—	—	—	
半鋼製	モハ300	301-308 2扉	8	1938	日車支	14,550	27MCB-2	67	DK151-A	AMM-C	—		1955	新京成	モハ301-308	—	全金 片運転台3扉化 307気車アルミカラー
	クハ500	500-502	3	1933	日車支	17,150	D-16	112	—	AMA-C	500車体新製 1941年帝車	1966	1974	新京成	クハ500-502	—	
		503-506・508・509	6	1933	日車支	17,150	D-16	—	—	ACM-C	台車FS-28	高砂火災 503・504 更新復旧 1954・1953年 大栄車両	1963	新京成	クハ503-506 508・509	1988	503-505・508 1972年更新→サハ1113-1116
		507	1					—	—	ACM-C	1948帝車		1972	—	—	1975	506、509未更新
鋼製	クハ510	510・511・513-519	9	1934	日車支	17,150	D-16	—	—	AMA-C	1945→1951 モハ化	1968年更新 台車FS-28	1963	新京成	モハ 500-502・510・518・519	—	新京成510・518・519 改番→504Ⅱ・505Ⅱ 503Ⅱ、モハ505Ⅱ→サハ2302。
		512	1			17,152	D-16	—	FS509-A	AMMR-C	1948帝車 モハ512	—	1972	—	—	—	戦災復旧 切妻車体→荷物電車

※6 モハ205 1941年2月津田沼車庫火災で焼失、クハ500に電装品を搭載して振替、1941年12月クハ500新造。

京成・新京成　車両一覧表　その3

構造	形式	番号	輌数	製造初年	製造	車体長㎜	台車	主電動機 KW×4	制御方式	制御方式	改造	特修・更新	廃車・転出	転属	転属後車号	廃車	備考
	モハ20	27 ※2	1	1931	汽車	17,150	D-16	97	ES-511	AMJ-C	火災復旧鋼体化	—	1963	新京成	モハ27 ※2	1987	※3→モハ1105二代目
	クハ2C	20・22・29	3	1946	帝車	15,986	D-16	—	—	ACM-C	鋼体化	—	1962	新京成	クハ20・22・29	1986	※5→サハ1108～1110
半鋼製	クハ1100	1101～1106	6	1941	梅鉢	17,150	uD-16	—	—	AMA-C	1941年モハ化 1101火災復旧 1952年大栄	1961年乗務員ドア貫通幌新設	1962	新京成	モハ1101～1106	1987	1968年更新1105・1106→サハ化1107 改番・1106
半鋼製	クハ1500	1501-1504	4	1941	梅鉢	17,150	uD-16	—	—	ACJ-C	1943年ロングシート化 1950 座席復旧	クハ1501・1504 1955 車体新製	1967	新京成	モハ1502 1503 クハ1501 1504	1989	1963年初代「開運号」格下げ3扉化 モハ2両対象化 新京 1972年改造固定編成・中間 モハ化モハ253・254 クハ553・554
	モハ1500	1502・1503	(2)	—	—	17,150	uD-16	112	FS5168-B	AMJ-C	1951車体化 室内整備	—					
	モハ220	220-224	5	1946	帝車	17,150	uD-16A	112	FS509-A	AMJ-C	—	1964年 片運・全金化・張上げ・運転室床扛上	1968	新京成	220-224	1988	
	モハ600	601-610	10	1948	帝車	17,150	uD-18	110	FS516-B	AMA-C	—	1962-1964年片運・半流・張上げ・全金	1968	新京成	609・610	1981	
半鋼製	クハ2000 旧宿電払下げ	2001-2011	11	1948	自社	17,150	TR-11 27MCB2 A1	—	—	ACM-C	—	1957~1961	1963	新京成	2003・2005・2006・2009-2011・2013-2015・2016-2018	1987～1990	京成2008 再整備 固定編成化
		2012-2016	5	1949	自社	17,150	—	—	—	ACM-C	—	—	1967	—	—	—	斜体は1971年更新Tf化
		2017・2017	2	1952	大栄	17,050	27MCB-2	—	—	ACJ-C	—	—	1964	—	—	—	→サハ1111・1112
	クハ2100	2121-2111	11	1952	帝車・汽車	17,150	KS-104 KS-104A	—	—	AMMR-C	1956年 2110・2111	—	1974	新京成	2111	1985	
半鋼製	モハ1600	1601・1602	2	1953	汽車	17,150	KS-104A	112	ES-511A	AMMR-R	1968年帝国一般車化アルミ三車体新製MT車種交換	—	—	新京成	—	—	一般車化→荷物電車
	クハ1600	1603	1	1957	—	17,150	KS-104A	—	—	AMMR-R	1968年大栄	—	1981	新京成	—	—	一般車化
	モハ700	701-703・706	3	1954	帝車・汽車	17,150	KS-107	112	ES-558A	AMMR-C	—	—	1974	新京成	701-703・706	1985	
	クハ2200	2201・2202・2204	3	1954	帝車・汽車	17,150	KS-107	—	—	AMMR-C	1954年2204→モハ706	—	1974	新京成	2201	1985	
	モハ700	704	1	1954	帝車	17,150	KS-107	112	ES-558A	AMMR-C	1954年TDカルダン 台車KS-110X	—	1982	—	—	—	試作高性能車→荷物電車
	クハ2200	2203	1	1954	帝車	17,150	KS-107	—	—	AMMR-C	—	—	—	—	—	—	
全金属製	モハ750	751-760	10	1954	帝車	17,150	FS-306 KS-110	112	ES-700A	AMMR-D	—	—	1972	—	—	—	
	クハ2250	2251～2260	10	1954	日車・帝車	17,150	KS-110 KS-103 FS-25	—	—	AMMR-D	—	—	1973	—	—	—	
	デキ1	1・2	2	1947	東芝	11,050	B-B	110	RME-112	ACJ-C	—	—	1974	—	—	—	

京成電鉄　→　新京成電鉄　譲渡車

年	電動車			制御車・附随車		計	合計	記　事
	未更新	京成にて更新済み	計	未更新	京成にて更新済み			
1947	41・48		2			—	2	新津田沼−薬円台間 単線開業
1948	45・47		2			—	2	
1955	301~308		8			—	8	全線開業 単線
1959	126・127		2			—	2	前原団地完成
1960	128~130		3	132・133		2	5	
1962	1102~1106	1101	6	22・29		2	8	常盤平団地完成 常盤平駅開設
1963	27	101・104・117・118・122・123	7	20・504・506		3	10	高根台団地完成 高根公団駅開設
		102・103・105~107	5	503・505・508		3	8	
1964		108~111	4	2017・2018		2	6	
1966		112~114・119~121	6	509	2016	2	8	
1967		115・116・124・125 223・224・1502・1504	8		2014・2015・1501・1504	4	12	習志野台団地完成 北習志野駅開設 5両編成運転開始
1968		220~222・609・610	5		2005・2006・2013	3	8	6両編成運転開始
1974		500~502・701~703・706	7		2011・2111・2201	3	10	
1976		206・207・510・518・519	5		2003	1	6	
1978		200~205・207	7		2009・2010	2	9	
	電動車計		77	制御車・附随車計		27	合計104両	

参考1：全線複線化完成は1975年2月
参考2：【セミ新車】1969年　250系、【新造車】1971年　800形、1978年　8000系、1986年　8800系、1995年　8900系
参考3：8両編成列車の運転開始は1983年

京成モハ703、モハ207、クハ2203、クハ2103、クハ2101車庫線に見事に並んだ「青電」たち様々なスタイルが見て取れる。
◎津田沼車庫　1972（昭和47）年6月25日

上巻あとがき

　上巻では、京成電鉄の生い立ちから、戦前製の車両、戦後の復興期から、発展期に向かうに向かう時代を担った「青電」の時代の車両の記録を中心に掲載し、あわせて戦後初の新線建設となった「新京成電鉄」の創業期からの発展について記述した。中巻では、京成の改軌・地下鉄乗り入れから始まった「赤電時代」、空港線建設、新京成の近代化、「北総開発鉄道」の開業などについて記述する予定である。

2021年秋　長谷川 明

【著者プロフィール】

長谷川明（はせがわ あきら）

1934（昭和9）年東京生まれ。1956（昭和31）年東京都立大学卒業

大学時代より「東京鉄道同好会」、「交通科学研究会」を経て「鉄道友の会」に入会。同会東京支部委員、本部理事・監事を経て、現在は参与。1950年代初期から民間会社勤務の傍ら、鉄道車両の撮影・研究を開始し現在に至る。

【著書】

ネコ・パブリッシング「RMライブラリー」にて「1950年代の戦前型国電」上・中・下巻、「私鉄買収国電」、「1950年代の関西私鉄散歩」など。

電気車研究会「鉄道ピクトリアル」誌に、旧型国電・京成電鉄関係の、記事・写真掲載多数。

フォト・パブリッシング『外房線 街と鉄道の歴史探訪』、『総武本線、成田線、鹿島線 街と鉄道の歴史探訪』等に写真提供多数。

【参考資料】

『京成電鉄85年の歩み』京成電鉄　1996年

『京成電鉄100年の歩み』京成電鉄　2009年

『新京成電鉄50年史』新京成電鉄　1997年

「鉄道ピクトリアル」電気車研究会　各号

「鉄道ファン」交友社　各号

『千葉の鉄道100年』白土貞夫 崙書房　1996年

RMライブラリー

『京成青電ものがたり』石本祐吉　ネコ・パブリッシング　2012年

『京成赤電ものがたり』石本祐吉　ネコ・パブリッシング　2012年

『昭和時代の新京成電車』石本祐吉　ネコ・パブリッシング　2013年

◎京成稲毛に停車している「銀波」号
1964（昭和39）年8月

京成電鉄、新京成電鉄、北総鉄道の写真記録
【上巻】人車軌道の誕生から青電まで

2021年12月1日　第1刷発行

著　者……………長谷川明

発行人……………高山和彦

発行所……………株式会社フォト・パブリッシング

〒161-0032　東京都新宿区中落合2-12-26

TEL.03-6914-0121 FAX.03-5955-8101

発売元……………株式会社メディアパル（共同出版者・流通責任者）

〒162-8710　東京都新宿区東五軒町6-24

TEL.03-5261-1171 FAX.03-3235-4645

デザイン・DTP………柏倉栄治（装丁・本文とも）

印刷所……………株式会社シナノパブリッシングプレス

ISBN978-4-8021-3290-9 C0026